U0588330

爱的重构

让自己成为
家庭幸福掌舵人

张砾匀 许炜甜 著

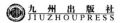
九州出版社
JIUZHOUPRESS

图书在版编目（CIP）数据

爱的重构：让自己成为家庭幸福掌舵人 / 张砾匀，
许炜甜著. –– 北京：九州出版社，2024. 7. –– ISBN
978–7–5225–3090–1

Ⅰ. C913.11

中国国家版本馆CIP数据核字第2024LX3946号

爱的重构：让自己成为家庭幸福掌舵人

作　　者	张砾匀　许炜甜　著
责任编辑	周红斌
出版发行	九州出版社
地　　址	北京市西城区阜外大街甲35号（100037）
发行电话	（010）68992190/3/5/6
网　　址	www.jiuzhoupress.com
印　　刷	炫彩（天津）印刷有限责任公司
开　　本	880毫米×1230毫米　32开
印　　张	8.25
字　　数	178千字
版　　次	2024年7月第1版
印　　次	2024年7月第1次印刷
书　　号	ISBN 978–7–5225–3090–1
定　　价	98.00元

» 前言 1

你知道吗？我们每个人都是朴素心理学家，都具备趋利避害、追求快乐、逃避痛苦、希望自己的明天比今天更好的人性特征。无论你是否学过心理学，你的言行都在不知不觉间遵循着这几个核心人性原则。

那么，心理学究竟是什么呢？说白了就是家长里短，就是教你懂得人情世故，讲的就是人与人之间的事，告诉你如何知人知面更知心，也是帮助你达到内心理想目标的高效手段之一。

古语有云："世事洞明皆学问，人情练达即文章。"说的就是从无意识到有意识地运用心理学。

在本书中，著者将当代心理学几大流派的核心内容融会贯通，以"一个中心，三个基本点"的框架，帮助大家理解和掌握心理学的底层逻辑，让心理学不再高深莫测、束之高阁，而是能切实有效地解决我们与身边各种关系的困扰，剖析家长里短中彼此的内在动机和想法。

本书是建立在培养家庭幸福掌舵人的目标基础上，结合现实中的大量案例，从原生家庭、婚恋关系、亲子关系及职场发展四大板块内容教给读者底层逻辑和解决技巧。不论从哪一章开始阅读，相信你都能有所收获。

因此，在阅读过程中，你既可以从第一章开始细细品读，也可以在遇到困难时随即翻开某一章节，找到对应解决技巧直接进行阅读，不必顾虑章节之间的连续性。

　　书中的每一个章节，都为你精心准备了心理学概念的总结、真实生动的案例，以及若干解决困扰的技巧。

　　我很喜欢一个词——上善若水。在众多案例中，我也发现了一个规律，即当爱流动时，所有的心理困扰都能得到化解。所以，不论你在哪个时刻遭遇了你的人生卡点，不要慌乱，不要放弃，只要让爱流动，爱的河流终将变得畅通无阻、奔流不息，你也将突破卡点，步入生命的新阶段。

　　心理学是研究个体的心理现象发生和发展规律的科学。心理现象是一个人心理活动的表现形式，分为心理过程、心理状态和心理特征三类。研究一个人的心理现象，是为了让我们了解并预测一个人的言行，便于我们理解他，并知道如何与其相处。

　　下面咱们通过一个例子来了解心理学。

　　你只要看到猫就会很害怕地跑开，于是我便知道了：想让你离我远一些，就是在你过来时拿出一只猫，这样就可以吓跑你了。这就是心理学在日常生活中的运用，大家都会吧？

　　在日常生活中，大家都会不自觉地想着去改变一个人的行为，这其实就是改变一个人的心理过程。心理过程包括认知、情绪情感和意志三个方面。

　　下面咱们通过一个例子，看看一个人的行为是如何形成的。

　　我将一条吐着信子的眼镜蛇顺着门缝放进了你的屋子里，你会怎么办？

　　是逃跑还是抓蛇，取决于你的心理过程。

行为	大叫着跑开	小心地抓蛇
认知	眼镜蛇有毒，被咬一口就没命了	蛇肉有营养
情绪／情感	恐惧、焦虑	喜悦、兴奋
意志	想方设法跑出去	想方设法抓住蛇

　　为什么人们总说在家里解决问题的时候，要先处理情绪再解决问题，因为没有情绪就没有行为。不怕蛇，就不会跑；不觉得蛇肉有营养，就不会冒险抓蛇。想让一个人改变，不是讲很多道理，而是让这个人有好的感受，一切都会自然而然、水到渠成。

　　在家庭里，我倾向于不要用不好的、有伤害性的情绪促动一个人做事，而是尽可能用愉悦的、有成就感的，或者感觉被爱的情绪来促进一个人做事。

　　《王者荣耀》这款游戏的设置就很典型，融入了心理学原理：游戏的第一步是让你自选角色，以此证明你对你的世界是可控的。之后，你打得好，可以获得愉悦感和成就感。不仅如此，还会吸引很多小伙伴，都想和你一起玩，产生极佳的情绪感受。你在现实生活中得不到的情绪满足，在这里全都得到了。此外，游戏的奖惩机制设置也不错。当你处在一个小团队之中，要是你中途没有打招呼就强行退出，恐怕会被其他人投诉，甚至下次不和你一起组队、不跟你一块儿玩了。这样一来，当想到有人不跟你玩的时候，你排除万难也会坚持打完全局。

　　有人会说："我就喜欢惩罚别人，要么就讲道理，讲不通就打。"这种就属于要么用认知疗法，要么用行为疗法来处理问题，可对不起，都没用。最底层、最有用的东西是这两个：情绪和意志。如果想要管理好爱人、孩子，或者管理好自己的员工，都是一样：不要老讲道理，不要老盯着别人的行为，要在情绪和意志这两个方面下功夫。

　　心理学已被普遍应用于生活的方方面面，本书的各章节，将会涉及心理学的底层逻辑与基础理论的要点总结，希望能够帮助你走进心理学，成为家庭幸福的掌舵人。

要成为家庭幸福的掌舵人，那么我们就要提升自己的幸福力和创造幸福力的能力。

提升幸福力和创造幸福力的能力，包括三个要素：

第一个是知识。我知道怎么回事，我知道原因，我知道该怎么做。

第二个是经验。需要把知识变成经验，要尝试着去做，不管能不能做成，我都要尝试去做，这样才能够累积经验。

最后是把经验变成技能。能够把要解决的问题真正解决好，这样我们才真正具备了帮助他人、帮助自己、提升幸福力和创造幸福力的能力。

目 录
Contents

第三章　亲密关系经营技巧

第四章　亲子关系与亲子教育技巧

» 第一章　一个中心，三个基本点

本章包含分析和解决心理问题的 4 个因素：一个中心，指"因果关系"；三个基本点，分别指适用于孩子教育的"埃里克森的发展 8 阶段"，适用于婚恋关系的"家庭生命周期"，以及适用于人与人之间关系的"联结"。

一个中心：因果关系

心理学只讲一个关系，就是因果关系，但讲的是"有果必有因"，而不是"有因必有果"。抓住这个核心，你便能理解一个人成为现在的样子，他会这样做事而不会那样做事，一定是有原因的。同时，心理学遵循的是选择论。选择论是什么意思？就是无论我们过去经历了什么，我们现在成为什么样子都是我们选择的结果（表 1-1）。

表 1-1　影响个体选择的 5 个维度

人的三个天性	认　知	能　力	意志品质	时间点
追求快乐，逃避痛苦；趋利避害；希望自己的明天比今天更好	对经历的事情和未来的看法	能力强，突破后有了美好的未来；能力弱，则可能停滞在现在	能否坚持并不断调整，达到让自己更好的目标	看事情着眼于过去、现在、还是未来

你以前做出的每个选择，构成了你现在的样子；你现在做

出的选择，又构成了你未来的样子。

起心动念皆是因。既然说到这里，就稍微深入一些：一个人之所以成为现在的样子，既受到原生家庭的先天因素影响，还受到环境及本人的经验、感悟的影响，这些因素使得一个人形成了当下的"果"。而这一切的一切，从当下这一刻起就被定格了，戛然而止。那么如何让下一秒跟现在不一样？这完全取决于你的起心动念以及行为，你希望你的下一秒怎么样？在这个时候，发挥人的主观能动性，也就是任何一个起心动念，都会让你种下新的因，形成新的果。

比如，你在阅读这本书的当下，可能正处在比较安静、平稳的状态之中。现在，你可以起身蹦个 20 下，是不是一会儿就兴奋起来了？是不是你的下一秒跟你现在不一样？这就是起心动念和行为形成的你的下一个果，而它又形成了因果关系。

要改变这个果，一定要再种因，这就是心理学的主观能动性，即选择论。一个人呈现出来的状态，背后具有多重原因。当你看到一个人出现状况的时候，你要把自己的眼睛和心打开，看看到底发生了什么，想想为什么会出现这些状况，不要盯着问题不放。

一个人会做出怎样的选择，主要受思维模式的影响。可以先问问自己：我的思维模式是问题思维还是结果思维？

问题思维就是看事情只看现存的或者可能存在的问题，所以会消极被动，觉得做什么事都困难重重；结果思维是做事时，很清楚自己想要怎样的结果，遇到问题时积极解决，而不会被问题所困（图 1-1）。

图 1-1　问题思维 or 结果思维

我家先生是个问题思维的人，比如想约他一起去爬香山，他会觉得开车去怕堵车，坐地铁又觉得孩子没座位会很累，最后他就不想去了。而我这个结果思维的人则想着："爬山多好，怕什么呢？如果怕堵车咱们就坐地铁，站一会儿没关系的，到了山脚下找个地方先坐一会儿，再爬山，是不是就行了？"

我是一个典型结果思维的人，彻底的乐观主义者，总是看到那些美好的东西，喜欢展望未来。我平时最喜欢在东二环的护城河边跑步，有时候跑着跑着，有些新的想法萌发出来的时候，都会觉得："哇，我真牛！"甚至开心到蹦起来够一下树！即使遇见困难，我也会想："哎，又是让我长什么本事呢？"无论处于什么境地，都要有一份好心态，把自己的思维与情绪安顿好。

"境由心造，物随心转，烦恼皆心生。"心中装了太多问题，生活便会失去很多的乐趣与滋味。

除了自己保持乐观之外，还可以借力。比如，实在跑不动了，找人过来带着跑两圈，也是可以的。

在做个案咨询的时候，我会根据这个人的愿景引导他从问题思维转向结果思维："你现在希望怎么办？你希望老师能帮你什么？你希望得到怎样的结果？……"每个人的触发点是不一样的，而且这个是他自己想要去的那个方向，只要是积极正能量的就可以。学心理学就是要达到"我的命运，由我掌控"的程度。你现在形成的所有都是当下，都是到现在为止。如果只截止到现在，只考虑以前，不去考虑未来做出改变的可能性，就是宿命论，但是，以后你想怎么样，由你说了算。只要有起心动念和行为，这就是选择论。

我碰到很多来访者，针对当下的某个现象及生活困境，都想找找原因，认为找到原因了，自己就释然了。比如，有些来访者，夫妻之间总是吵架，他们就往双方的原生家庭找原因。找到原因了以后，并没有想着去改变，而是变成了下次吵架时攻击对方的理由。找到了原因却发现自己改变不了，便成了宿命论，觉得是自己命苦，倒霉。

其实，每一个人的人生都有改变的可能，只看你愿不愿意学习和改变。在心理咨询过程中，找原因的部分不必过度纠结，只需要适度解读原因，帮助来访者放下压在胸口的石头就可以，更重要的是帮助来访者产生新的果，过上自己想要的生活。

社会上有些心理咨询师只引导来访者找因，而不是奔着来访者想要的结果走。这种现象的产生可能有多方面的原因，有咨询师的原因，有公司咨询流程设置的原因，也可能所学流派不同，这里不做过多评论，但咱们学习心理学，想要成为家庭幸福掌舵人，就要奔着结果走。

我常说，学习心理学就两个目的：一是让自己和家庭幸福，二是让自己长本事，提升能力。达不到这两个目的，学习就没有意义。

如何快速学习并能掌握心理学知识和技巧呢？关键点就是学习心理学的过程要承上启下：承上，知道自己目前的这个果是怎么来的，好的因是什么？不好的因是什么？你要做的是把不好的因给解决掉；启下，就是知道如何正确地对待未来，如何对待爱人，如何对待孩子，如何对待父母，等等。承上启下地把自己成长好，把家族经营好，把事业做好，是每个人学习心理学时要秉承的信念。

其实，当你变得更好之后，爱满则溢，你的任何言语都可以助人；如果你没有做好你自己，就会像一个黑洞，反而会把别人的能量都吸过来。因此，一定要先正心，把百分之八九十的精力放在你可以掌控的选择上，而不是放在已经过去的因上。

这是你在做自我分析或是给别人做咨询时的一个侧重点。

做心理咨询的目的，是要成就一个人，帮助一个人，为他的长处找到发展方向并肯定他，为他的不足找到解决方法，这才是正确的思路。

下面咱们再通过绘画测试进一步理解这个中心，即"因果关系"，进一步理解人与人的不同是因为没有两个人的先天基因和后天经历是完全一样的（图1-2）。

图 1-2　绘画测试

一、绘画测试：房、树、人

"房、树、人"（House-Tree-Person）是 20 世纪早期美国心理学家巴克 (Buck.J) 创立的一种绘画测试，也是如今最常用于收集心理投射、认知能力和人际关系等相关数据的测试。

现在，请你一幅画，画面中必须包含三个要素：房子、树、人。在我说画"房、树、人"的时候，你的脑海之中出现什么，就把它们画下来。画面中除了要有房子、树和人，其他元素怎么画，你可以靠自己的感觉来发挥。

二、人与人不同——信念系统

信念系统包括信念、价值和规条，是每一个人都有并且与其他人不同的思想发动机，一个人凭这套系统去处理人生的每一件事，因此这套系统决定了这个人的成功快乐、情绪感觉和人生成就。

看大家画的画，你会发现没有两个人的"房、树、人"是完全一致的，也就是说没有两个人的信念系统是完全一致的。

想要更好地了解自己，你需要知道组成信念系统的三个部分：信念、价值与规条（图 1-3）。

图 1-3　组成信念系统的三部分

1. 你认为这个世界运行的方法——信念

信念其实就是认知，是我们认为这个事情该不该做、该怎么做、是对是错等。

房子是自己的一个投射，既代表了家和心，也代表了一种自我保护。

在"房、树、人"的画作中，有一部分人的房子大门是打开着的，没有锁上。说明你渴望和任何人交往的时候，都能够真心实意地去对待彼此。

如果，在画作中的门是关着的，就说明你在和人交往的过程中，是有一个挑选的标准和过程的：你想进我家门，我是有要求的，不是谁都能进我家；或者在跟人交往时，你比较慢热。

还有一些人，选择不画门，更愿意活在自己的世界里。

画门不画锁的人，他们多半属于性情中人，他们希望大家坦诚相待，谁也别在背后算计谁，希望自己把心敞开的同时，对方也能把心敞开。有任何话都说到明处，有任何事也做到明处。

画作本身并不存在好坏之分，它只是帮助你呈现出来你在人际交往中的一种信念。

2. 人、事、物重要性在你心里的排序——价值

价值是一个人心中对人、事、物的重要性的排序。从"房、树、人"的画面中，我可以直观地看到你的价值是如何排序的。

比如，在你的画作中，你画是一家人而不是你一个人时，是不是说明家人在你的心里比你自己一个人重要？因此，你的价值排序就很自然地呈现出来了。

价值受你成长经历的影响，它是由你自身的成长经历决定的。如果你从小家庭就不富裕，财富对你来说可能就比较重要。假设有两份工作，一份工作每天要工作12个小时，一个月挣3万；另一份工作每天要工作8个小时，一个月挣1.5万。由于小时候家里经济条件不够好，导致你认为有了财富才能做很多事，在这种价值观的影响之下，你会觉得财富尤为重要，也许你就会选择第一份工作，挣钱多少成为你选择工作的重要标准。

此时此刻打开书的你，本可以今天选择休息或做别的事，为什么会选择看这本书？你的价值排序就从中凸显出来了。

我经常会听到这种声音："如果不是为了孩子，我早就和他离婚了！"那你为什么还不离呢？因为在你的价值观里，你把孩子看得比自己重要。所以，从上面例子均可看出每个人不同的价值排序。

很多人的痛苦，来自"不得不"。

"我觉得我特别可怜，所走的每一步，所做的每一个选择，都是别人在逼着我去做的，都是我不得不这样做……"有这种想法的人，我想要告诉你的是，从来没有"不得不"这种说法。所谓的"不得不"，都是你当下条件和能力所决定的，已是你的最佳选择。你认不认？要是不认的话就会痛苦。你已经做了你认为最好的选择，但你却认为是不得不做。只要加上"不得不"之后，你会发现你的命运不由你掌控了，你就是一个做不得任何主的受害者，而其实，我们永远都是自己生命的主人啊！你所有的"不得不"都是你当下的最佳选择。

现在我们做个小测试：你到十字路口待上 10 分钟，5 分钟观察并记录有多少人穿白色的衣服，另 5 分钟观察并记录有多少人穿黑色的衣服。回来之后，我问你有多少人穿红色的衣服？你肯定无法给出准确答案，因为你只看了穿黑色和白色的衣服的人，这就说明是你的注意力创造了你的世界。

图 1-4　你看到了什么

"不得不"的焦点在哪里？焦点是你只看到要付出的代价，没有看到收获。这就是人要成长的部分：我们要利用天性、突破天性。好逸恶劳、追求快乐、逃避痛苦、趋利避害、希望明天比今天更好，这些都是人的天性。小孩子饿了之后会立刻哭起来，但大人饿了就会控制住，因为小孩子的焦点是自己饿了，饿了就要吃，而大人的焦点更多的是外在环境和他人的看法。大人能控制住而不哭闹，不是他的"不得不"，而是他成熟的表现，是他在处理饥饿反应的一种选择。

《道德经》云："反者道之动，弱者道之用。"我将其说得更直白点："顺者为人，逆者为圣"，就是说，如果一个人总是顺应自己的天性，累了就放弃，苦了就逃避，那他只能成为普通的人；如果能够战胜自己的天性，能够在苦和累时继续坚持，他就可能成功，成为优秀的人。所以，人们常说能吃多少苦，就能享受多大的成功和幸福，其实这是反人性的，但是只有反人性，一个人才有可能成功和成长。

比如，抑郁症人的自杀反不反人性？不但不反人性，还正好符合人性。因为他已经很痛苦了，觉得没有任何的力量、没有办法来突破了，认为自杀之后就能摆脱痛苦。所以，在咨询和治疗过程中，我会运用共情的方式，让他们和这个世界做告别，往往最后他们反而告别不了了，因为他们会发现、会看到，原来世界还有那么多美好的部分，就会有不舍，重新燃起生命的希望。

3. 你做事的方法——规条

规条就是做事的方式方法。举一个很日常的例子：一般情况下，每人每天至少会刷两次牙，在挤牙膏的时候，有人会从下面开始往上面挤，有人会随便挤，只要挤出来就算。如果你是从下往上挤牙膏，你会不会觉得别人随便挤牙膏这种行为令你很不爽？

如果你不爽了，那我问你，你挤牙膏的目的是什么？刷牙，对吧。刷牙是这件事的目的，怎么挤是做这件事的方式。就算他人一会儿从中间挤，一会儿又从下面挤也无妨，只要他挤出来把牙刷了就没有问题，不要盯着他是怎么挤的。

知道了信念系统的内涵后，你有没有发现，在日常生活、工作中你的情绪和压力都是来自信念系统的碰撞。当他人的信念系统跟你的相似时，你会感叹"酒逢知己千杯少"，如果他人的信念系统跟你的不对付时，你就会感觉"话不投机半句多"。从这里我们可以看出，你用你的信念系统套他人，就是你不懂得也不接受他人跟你不一样，你认为他人的先天因素和后天经历都应该跟你一模一样，但这是不可能的。

三、影响信念系统形成的 5 个因素

你是否仔细想过是什么让你成为现在的你？

你是否总爱用下面的句子来要求别人：

为什么你就不会？

为什么你要这么做？

为什么你挤牙膏要随便挤？

为什么你不觉得这事不对？

很多人的痛苦往往来自习惯用自己头脑中的信念系统去套别人。

我用一个"锅"的比喻让你看到头脑中的信念系统是如何形成的：现在，你可以想象出一个蒸锅，它代表了人的脑袋，

假如这个锅里装的是早餐，你能不能卖给我这个锅里没有的东西呢？显然是不能的。但是，人们总是认为，别人的锅里装着你想要的东西。

那么，每个人的这口"锅"是怎么装进东西的呢？一起来探究一下，影响信念系统形成的 5 个因素。

1. 先天因素

先天因素就是家族给予我们的遗传因素。你要记住一点，不光是你，包括你身边的人、我们的家人，从出生的那一刻起，就是一张带着底纹的白纸，底纹就是人的先天因素。

比如，不同气质的人会呈现出不同的特点。

胆汁质：相当于高级神经活动强而不平衡型，表现为直率、热情、精力旺盛、情绪易于冲动、心境变换剧烈。

多血质：相当于高级神经活动强而平衡灵活型，表现为活泼、敏感、好动、反应迅速、喜欢与人交往、注意力容易转移、兴趣容易变换。

黏液质：相当于高级神经活动强而平衡不灵活型，表现为安静、稳重、反应缓慢、沉默寡言、情绪不易外露，注意力稳定但又难于转移，善于忍耐。

抑郁质：相当于高级神经活动弱型，表现为孤僻、行动迟缓、体验深刻、多愁善感、善于觉察别人不易觉察到的细小事物。

每个人生下来都是带着底纹的。在气质上，我们大致会呈现出如上的特点，但它们未必都一模一样，因为还要考虑到其他的先天因素及后天的各种因素。

2. 原生家庭的影响

你是宝，还是草，指的是原生家庭带给我们的感受。我们知道，除了病态的父母，所有父母都很爱孩子。我总是说，天下只有父母可以为了孩子牺牲自己的生命，但在孩子心里，未必能感受得到这些，也未必能够承受这些。原生家庭对人的三观影响是很大的，在我的小时候，母亲有两句话就对我的影响很大。

第一句话："你不要'丈八灯台，照远不照近'！"因为我小时候脾气很急躁，当和我的姐妹发生冲突之后，我妈妈就很淡定地说："你坐下来，我们不能够'丈八灯台，照远不照近'。看到他人不足，也要看到自己做得不对的地方。"一个灯塔发出的光可以照亮远处，但灯塔下面都是阴影，所以我妈妈说我："你也应该多看看自己不足的地方。"我觉得这话说得很对，遇事时应该把关注点回归自身。人性最大的弱点，就是习惯了用双眼紧盯着别人，却时常忘记了审视自我。

图 1-5 灯下黑

第二句话："当一件事情你做也得做、不做也得做的时候，你就要开开心心地去做。"小时候当我妈让我去做一件事情时，我不想做就会不耐烦，不是踢东西就是板着脸，总之是带着情绪把事情做了。有一次妈妈把我叫到跟前说："你如果板着脸去做这件事，把东西弄得梆梆响，这个态度就不对，即使你把活儿干完了，妈妈也觉得你是带着情绪去做的，不懂事，就会忍不住批评你。所以妈妈再让你做事时，你要先想一想，这件事是不是你不想做也得做？如果是，你就开开心心地做，这样你不难受，妈妈也开心。这就是'做了不受'，意思是如果你选择做了就好好做，不要因为态度被别人批评。"从此，当妈妈让我做事时，我一思量是我必须做的，我就会大声地对妈妈说："好嘞！"一声"好嘞"立马让自己开心了起来。

这就是家庭教育教给我的很有价值的两点，是原生家庭对我三观的塑造与影响，我一直记到现在。

3. 本人的亲身经验

你接受过怎样的教育？

你经历过怎样的事情？

你从事什么样的职业？

……

启功先生写过这样一副对联："气傲皆因经历少，心平只为折磨多。"我每每看到有些年轻人意气用事、不计后果，总会劝他们先别急，慢慢来。在事情上多磨砺，心态自然会有所转变。

看到一些年轻人做错事，心浮气躁，我也不着急，因为他们经历太少，以后经历多了就会改变。

4. 借鉴他人的经验

"近朱者赤，近墨者黑。"环境对人的影响太大了，所以古代才会有"孟母三迁"的故事。现代讲究圈子文化，指的是人脉关系，因为不同层次的圈子，意味着不同层次的人脉及资源。

　　成年人的世界里，不仅需要情绪价值，更需要经济价值。经济价值就是人脉关系，人脉关系讲的是价值原理、强人原理，你想进某个会所或者企业家协会，入会费可能要几十万一年，如果你连一年几十万都挣不到，你肯定进不了这个圈子，但你一旦进入这个圈子，可能会让你挣得更多，因为资源不一样了。

　　所以，在从人际关系到人脉关系的过程中，需要你变得更理性、更有价值。借鉴他人的经验，就是在各类的环境中，找到你想要的榜样，让他们潜移默化地影响你成为更好的自己。

5. 自我感悟的东西

　　拉开原生家庭的幕布，你会发现原生家庭既有可能是力量的源泉，也有可能是创伤的来源，但你需要记住的是，你永远都有4个选择。现在用"4个儿子"的故事来说明。

　　有一对夫妻生了4个儿子，爸爸脾气不好，气不顺了就打妈妈。4个儿子看到这种情况，有4种不同的反应。

　　大儿子知道爸爸打妈妈，妈妈很痛苦，而且做孩子的担惊受怕，就立志说："我长大后要以爸妈为负面的榜样，找媳妇时要多方考虑，和家人发生冲突时要积极地想办法解决，不能像爸爸那样动手，使用暴力。"试想一下，他以后会不会让自己和家人过得更好？答案是肯定的，因为他的做法完全符合人性，而且他是在接受了父母的做法后，在此基础上总结经验。他是一个成长者、转化者。

　　二儿子说："嗯，做男人真好！"什么意思？不开心了，可以像爸爸一样打女人。这个叫复制者，在你的身边可能就潜伏着这类复制者，明明知道小时候的种种不好，可现在却无意识地，甚至有意地重复着这些不好的行为。曾经在这块石头上摔过跤，下次还在这块石头上摔跤，这就是复制者。

三儿子说："我不要结婚，我不要跟人太近了。"一般称这种人为受害者、逃避者。因为过去的创伤，导致他牺牲了自己未来的幸福，也熄灭了生命之火。

四儿子发现爸爸打妈妈，妈妈很害怕，自己也很恐慌，他认识到爸爸就是家里的老大。那他想当老大怎么办？打人啊，不仅打自家人，还到外面打别人。典型案例就是变态杀人狂，他们在小时候往往有受虐的经历，长大后从虐待他人的过程中获得快感，所以说家庭教育的受害者，往往会成为社会的施害者。

总结下来你会发现，形成信念系统的 5 个因素，落实到每个人身上是千差万别的状态。所以，你要试着接纳家人和身边的人，常怀包容之心，因为你我都是社会中的人，人和人需要在一起相处，保有一颗包容心，才能让自己变得柔软，才能让爱流动，才能处理和化解身边的很多问题。

四、测一测你的先天气质

根据 4 种先天的气质，来测一测你的性格特质。

胆汁质，典型代表是张飞。这类人情绪体验强烈，爆发迅猛、平息快速，思维灵活但粗枝大叶，精力旺盛，争强好胜，勇敢果断，为人热情直率、表里如一，刚毅顽强。遇事常欠思量，鲁莽冒失，易感情用事，刚愎自用。小时候跟小伙伴在一起玩，他希望自己是老大，对其他小伙伴的干预性很强，会抢小伙伴的东西。胆汁质孩子的家长很好辨认，就是总在给其他家长道歉的那一位。胆汁质的人本身的能量很强，也更容易成事，因为他们不会考虑太多外界因素，敢于去做事情。

多血质，典型代表是王熙凤。这类人感情丰富、外露但不稳定，思维敏捷但不求甚解，活泼好动、热情大方，善于交往但交情浅薄，行动敏捷，适应力强。弱点是缺乏耐心和毅力，稳定性差，见异思迁。现在很多二孩家庭里，二宝往往就有多血质的特点。他们擅长察言观色，嘴甜，会哄人，表达能力强。一般小区里面最受欢迎的人里面就有他们，具备天生的"社牛"属性。

黏液质，典型代表是沙僧。这类人情绪平稳，表情平淡，思维灵活性略差但考虑问题细致而周到，安静稳重，踏踏实实，沉默寡言，喜欢沉思，自制力强，耐受力高，内刚外柔，交往适度，交情深厚，但这种人行为主动性较差，缺乏生气，行动迟缓。如果你的孩子是黏液质，你会发现都满月了，还很少听到哭声，饿了之后才会"哼哼"。他们聪慧、细腻、敏感、共情能力强，付出型人格，是第一时间发现别人的脆弱后，会默默陪伴在身边的类型。

抑郁质，典型代表是林黛玉。这类人情绪体验深刻，细腻持久，情绪抑郁，多愁善感，思维敏锐，想象丰富，不善交际，孤僻离群，踏实稳重，自制力强，但他们行为举止缓慢，软弱胆小，优柔寡断。性格偏内向的他们，不愿与多人交往，喜欢一对一、一对二进行交流。因此他们的友谊更深入，相处得好就会是一辈子的朋友，但对身边人的要求也相对较高。家里如果有一个抑郁质的孩子，你要用心呵护，多给予肯定（见图1-6）。

图 1-6　人的先天气质类型及特征

　　在社会生活中，当你面对各种各样的压力时，你的这些先天性格特质会发生一定程度的改变。如果你认为上述性格特质都像你，那么恭喜，证明你的社会化程度较高，已经是个适应社会的"变色龙"了。有的孩子在家是"混世魔王"，但在外面大家都夸这个孩子很懂事，又或者成年人在外面侃侃而谈，回到家平静如水，这些都是适应社会的表现，也是家里给予足够的爱和安全感的表现，能够放心地把"面具"摘下来。

三个基本点：分析和解决心理问题的三个线索

一、基本点一：埃里克森的人格发展 8 阶段

1. 婴儿前期（0—1.5 岁）

　　这个阶段主要发展任务是获得信任感，克服怀疑感；良好的人格特征是希望品质。

　　基本信任和不信任的心理冲突是这一阶段的危机，如果危机成功地得到解决，就会形成希望的美德；如果危机没有得到成功解决，就会形成胆小惧怕的性格。

　　这个阶段的婴儿最为孤弱，对成人的依赖性最大，如果养护他们的人（最重要的是母亲）能以慈爱和惯常的方式来满足他们的需要，他们就会形成基本信任感。如果母亲拒绝他们的需要，或以非惯常的方式来满足他们的需要，他们就会形成不信任感。

　　如果养护是充满爱和惯常的，那么儿童就懂得他们可以不必为失去一位慈爱和值得信赖的母亲担心，所以当母亲不在身边时，他们也不会有明显的焦躁不安。

　　婴儿首项社会成就是当母亲离开而不会产生过分的焦虑和愤怒，因为他不仅具有一种外在的预见性，而且还发展了一种内在的信念。这种惯常的、持续的、同样的体验提供了一种基本的自他同一性意识，这种自他同一性意识依赖于对大量内部识记的和预见的感觉的认识，以及依赖于对那些确实与大量外部熟悉的和可预见性的事物及人物有关的想象。[①]

　　当儿童形成的信任感超过不信任感时，基本信任对基本不信任的冲突危机才能得到解决。应当牢记，重要的是两种解决办法所占的比率，对任何人和任何东西都信任的儿童必然会陷入困境，某种程度的不信任是积极的和有助于生存的。但是，信任感占优势的儿童具有敢于冒险的勇气，不会被绝望和挫折所压垮。

　　可以说，获得信任的儿童敢于希望，这是一个注重未来的

---

① 爱利克·埃里克森.童年与社会 [M].高丹妮，李妮，译.北京：世界图书出版公司，2018：247.

过程，而缺乏足够信任的儿童不可能怀有希望，因为他们必须为需要是否能得到满足而担忧，所以他们被束缚。

这个阶段也形成了个体的依恋模式。如果养护他的人（最重要的是母亲）能以慈爱和惯常的方式来满足儿童的需要，个体就会形成安全的依恋模式，愿意信任他人，愿意跟他人亲密，凡事都能看到积极向上的一面；否则则形成不安全的依恋模式。

孩子做出撒娇行为时，父母及时抱一抱，会让孩子感到自己是被爱着的，会很开心和满足，会对外界产生信任的感觉，而有些产后抑郁的妈妈，由于自顾不暇，有可能忽略孩子的感受。孩子有需求的时候，难以获得即时满足，长大后容易对外界产生不信任感。

图1-7　婴儿前期需要父母用心的爱

夫妻之间也是如此。适时的撒娇，其实可以看作亲密关系的调味剂，像是回到小时候，放下了所有的防御和攻击性，完全打开自己的状态。如果对方撒娇时，你很冷漠，对方就会敏感、多疑起来："我们之间是不是有什么问题？是不是不爱我了？"恐怕还会因此发生不必要的争吵。

2. 婴儿后期（1.5—3 岁）

这个阶段主要发展任务是获得自主感，克服羞耻感；良好的人格特征是意志品质。

自主与害羞和怀疑的冲突是这一阶段的主要危机，在这个阶段中，如果儿童形成的自主性超过羞怯与疑虑，就可以形成意志的美德；如果危机不能成功地解决，就会形成自他疑虑。

在这个阶段中，儿童迅速形成许许多多的技能，如走、爬、推、拉和交谈，更通俗地说，他们学会了如何抓握和放开。他们不仅把这些能力应用于物体，还应用于控制和排泄大小便。换句话说，儿童能"随心所欲"地决定做还是不做某些事情，因而儿童从这时起就介入了自己意愿与父母意愿相互冲突的矛盾之中。

父母必须按照社会所能接受的方向，履行控制儿童行为的精心任务，而又不能伤害儿童的自他控制感和自主性。换言之，父母必须具有理智的忍耐精神，但仍然必须坚定地保证儿童的社会许可行为的发展。

如果父母过分溺爱和不公正地使用体罚，儿童就会感到疑虑而体验到羞怯。"持久的良好愿望与自豪感发自没有丧失自尊的自他控制感，持久的动辄爱疑虑和爱羞怯的倾向来自丧失自他控制感和过度的外部控制。"[①]

如果儿童形成的自主性超过羞怯与疑虑，就形成意志的美

---

① 爱利克·埃里克森.童年与社会[M].高丹妮，李妮，译.北京：世界图书出版公司，2018：254.

德。埃里克森把意志解释为："进行自由决策和自他约束的不屈不挠的决心，尽管在幼年期不可避免地要体验到羞怯和疑虑。"[1]

吃饭的时候，不再让你喂，而是自己要用勺子吃；有人到你家做客，你开门让客人进来的时候，孩子会跑过去让客人出去，自己再开一次门，让客人再进一次。诸如此类的现象，都是孩子在制造属于自己的价值感："你看我很棒，能够自己把饭吃进嘴里，能够自己剥水果吃，能自己干很多活……"孩子通过这些行为逐步形成了自主感。

图 1-8　婴儿后期需要放手让孩子做一些力所能及的事

而孩子自己想动手尝试的时候，有些祖辈却舍不得，还会进行阻挡："这么小，干这个做什么呀？"然后就替孩子干，导致孩子得不到相应的锻炼和提升。比如早上起床，嫌孩子穿衣服

---

[1]　爱利克·埃里克森.童年与社会 [M].高丹妮，李妮，译.北京：世界图书出版公司，2018：119.

慢，爷爷奶奶就给孩子穿上了；吃饭的时候，嫌孩子弄得到处都是，爷爷奶奶又开始喂饭。就这样，孩子面对家长的指责和嫌弃会产生羞耻感，以后就不愿意主动做事了，一点点失去了自主性。爷爷奶奶的初心并不坏，但这么做不利于孩子的发展。

正确的做法是：随着孩子活动范围的扩大，自主意识变强，允许孩子自主探索，主动去做一些事情。当看到孩子做到一半有困难的时候，父母可以适当提供帮助和引导，做好支持的工作，比如，教孩子如何把衣服脱了再穿上，或者父母引导孩子想办法进行穿脱。当孩子达成目标并掌握了一项技能之后，就达到了锻炼的目的。

在自主性的基础之上，还要建立孩子的规则感，让孩子成为受欢迎的人，而不要因为没有规则感，走到哪里都格格不入。

我曾经见过有的老人，被孩子无缘无故地打了一下，他的反应是："哈哈，我家孩子都会打人了！"一味地放养，并不适合中国的国情，这个阶段如果空谈放养，实际上是父母对孩子的不负责任。一般情况下，如果说这个人没有家教，骂的是谁？是父母！所以，在这个时候就要有意识地开始立规矩了。

我在前文中提到，孩子在一岁半之前，需要获得的是即时满足，让孩子觉得自己是被爱的，对外界形成一种信任的品质。长大之后，孩子会是个阳光开朗的人，这和内向、外向无关。有些人沉默寡言，但笑容很阳光，也能让人如沐春风。

而1.5—3岁的孩子需要的是延时满足。比如，孩子在外面玩，累的时候想让你抱，这种情况你可以说："超过前面的电线杆，走到前面那辆汽车旁，爸爸妈妈就抱你。"再或者，当孩子马上要什么东西的时候，你可以说："等一下妈妈收拾好厨房就给你拿。"通过延时满足的方式，让孩子学会等待。在这个阶段再加上适当的运动，就能很好地达到锻炼孩子意志品质的目的。

如果没有做到延时满足，孩子的意志品质就得不到提升。在商场，孩子说要一个玩具，如果父母不给买，有的孩子会立刻躺地上开始哭闹。当然，胆汁质的孩子也会出现这种现象，想要的东西得不到，他们会感到非常受挫，得到之后他们就会恢复。不管孩子是怎样的天性，父母都要注意锻炼孩子的意志品质。

发展孩子自主性，让他做喜欢做的事情，并且学会坚持，来培养意志品质，从而更好地融入社会，成为一个受欢迎的人。

3. 幼儿期（3—6 岁）

这个阶段主要发展任务是获得主动感，克服内疚感；良好的人格特征是目标品质。

在这一时期，儿童能更多地进行各种具体的运动神经活动，更精确地运用语言和更生动地运用想象力。这些技能使儿童萌发出各种思想、行为和幻想，规划未来的前景。按照埃里克森的观点，这个阶段的儿童"一般对形状规格的差异，特别对性差异都产生一种毫不厌倦的好奇心……他在学习上大胆探索且精力充沛：这就致使他越出自己有限范围，投入未来无限的前景之中"。[①]

在前两个阶段，儿童已懂得自己是人，并开始探究自己能成为哪一类人。在这个阶段，儿童检验了各种各样的限制，以便找到哪些事情是被许可的，而哪些又是不被许可的。如果父母鼓励儿童的独创性行为和想象力，那么儿童会以一种健康的

---

① 爱利克·埃里克森. 童年与社会 [M]. 高丹妮，李妮，译. 北京：世界图书出版公司，2018：76.

独创性意识度过这个阶段；如果父母嘲笑儿童的独创性行为和想象力，那么儿童就会缺乏自信心地度过这一阶段。由于缺乏自主性，因此当他们在考虑种种行为时总是易于产生内疚感，所以，他们倾向于生活在别人为他们安排好的狭隘的圈子里。

一个5岁的小男孩，他的妈妈从国外带回来一个非常漂亮的玻璃瓶。妈妈小心翼翼地把它放在多宝阁比较高的位置上，小男孩一直想看看、摸摸，可是妈妈就是不让，说："你毛手毛脚的，别不小心把它摔碎了。"但孩子还是一直心心念念地惦记着。

有一天，妈妈下楼去取东西。上来后就发现，小男孩正一只脚踩着椅子，颤颤巍巍伸着手想去拿到这个玻璃瓶，结果他看到妈妈突然进来，手一抖就把玻璃瓶摔碎了。这下妈妈生气地说："我跟你说过多少次，不让你动，结果怎么样？摔碎了吧！"孩子语出惊人："不是我摔的！是它自己摔的，我没动！"

最后，妈妈打来电话问我："这孩子睁着眼睛说瞎话，是不是有什么品质问题？"我说："多大点事就上升到品质问题了，孩子正处在探索的时候，只不过是没有目标而已。"

这个阶段的孩子，是不知道具体要探索什么的。看到玩具拆玩具，看到钟表拆钟表，这都是探索的过程。如果这时被压制了，孩子就会变得不敢创新，害怕去接触不熟悉的东西，而且容易撒谎。当孩子不能做但又想做一件事，他就只能偷偷做，然后不承认。其实撒谎只是一种自我保护，如果是生性敏感的孩子，甚至还会产生内疚心理。

因此，在这个时候要学会管理孩子的目标品质。平时带孩子多去外面玩一玩，多去博物馆逛一逛，让孩子像海绵一样，多输入一些东西。有了目标后，再来帮孩子达成目标。这样，孩子会对自己的未来有一份掌控感，会觉得未来是有希望的，一定会越来越好。

4. 童年期（6—12岁）

这个阶段主要发展任务是获得勤奋感，克服自卑感；良好的人格特征是能力品质。

勤奋对自卑的冲突是这一阶段的主要危机。如果危机成功地得到解决，就会形成能力的美德；如果危机不能成功地解决，就会形成无能感。

在这一阶段，儿童学习各种必要的谋生技能以及能使他们成为社会生产者所具备的专业技巧。内部发展阶段似乎是为"步入生活"而设置的，它不认为生活必须首先是学校生活，不管学校是田野、丛林，还是教室，儿童必须忘记他过去的希望和愿望，他丰富的想象被驯服，被一些非人性事物的法则所约束，甚至被读、写、算所约束。因为，尽管儿童在心理上已经具有做父母的基本因素，但他在生理上成为父母之前，首先必须是一个劳动者和有可能养家活口的人。①

学校是培养儿童将来就业及顺应他们文化的场所。因为在大多数文化中，生存要求具备与他人合作的工作能力，所以社交技巧是学校传授的重要课程之一。

儿童在这一阶段所学的最重要的课程是"体验以稳定的注意和孜孜不倦的勤奋来完成工作的乐趣"。② 在这门课程中，儿

---

① 爱利克·埃里克森. 童年与社会 [M]. 高丹妮，李妮，译. 北京：世界图书出版公司，2018：258-259.
② 爱利克·埃里克森. 童年与社会 [M]. 高丹妮，李妮，译. 北京：世界图书出版公司，2018：259.

童可以获得一种为他在社会中满怀信心地同别人一起寻求各种劳动职业做准备的勤奋感。

如果儿童没有形成这种勤奋感，他们就会形成一种引起他们对成为社会有用成员的能力丧失信心的自卑感。这种儿童很可能会形成一种"消极的同一性"。

同这一阶段相联系的还有另一个危险，即儿童会过分重视他们在工作能力方面的地位。对这样的人说来，工作就是生活，因而他们看不到人类生存的其他重要方面。"如果他把工作作为他的义务，把某种工作作为有价值的标准，那么他也许会成为一位因循守旧的人，成为他自己的技术和可能利用他的技术的那些人的毫无思想的奴仆。"[①] 按照埃里克森的理论，在这个阶段里，必须鼓励儿童掌握为未来就业所必需的技能，但不能以牺牲人类某些其他重要的品质为代价。

自卑感是由于儿童生活中十分重要的人物对他的嘲笑或漠不关心造成的。

6—12 岁的孩子相继进入小学阶段，对于学习能力的认知培养就在这个时候。学英语的时候，别人家的孩子用 10 分钟背 10 个单词，你的孩子用一个小时背 10 个单词；体育运动的时候，别人家孩子都能完成，你的孩子却看上去有点吃力；画画的时候，别人家的孩子画什么像什么，你的孩子看上去却是在胡乱涂鸦。面对这样的情况，你会怎么和孩子沟通呢？

"你一个小时 10 个单词都背不了？你好笨。"

---

① 爱利克·埃里克森.童年与社会 [M].高丹妮，李妮，译.北京：世界图书出版公司，2018：261.

"你是不是没有运动天赋！"

"你这画的什么乱七八糟的，不如不画！"

这一句句负面评价的话，如果灌输给孩子，孩子就会逐渐形成自卑或者抗拒学习的情绪。

怎样才是正确的引导方式呢？这里给大家分享一个实验。

二年级的两个班上，大家进行搭积木的游戏。

完成后，老师对一班的学生说："你们都好聪明，都搭对了。"对二班的学生说："老师在观察大家，大家特别认真，喜欢动脑筋。每个人都能静下心，努力地要把它搭好。"

当游戏难度提高后，一班的学生会产生焦躁情绪："我是不是不聪明了，为什么我搭不好？"反观二班的学生，会更加开动脑筋琢磨。

随着难度一步步提升，一班选择放弃的学生会越来越多，开始质疑自己；二班的孩子则专注于思考与实践，更容易取得成功。

我们要培养孩子的能力品质，夸奖的方式显得尤为重要。夸赞的内容尽量具体，将聪明、懂事、听话等空泛的词语，转变为有关能力品质方面的夸赞，让孩子觉得"我能行"！

图 1-9　小学阶段需要培养孩子的胜任感

5. 青少年期（12—18岁）

这个阶段主要发展任务是形成角色同一性，防止角色混乱；良好的人格特质是诚实品质。

自他同一性和角色混乱的冲突是这一阶段的危机。如果这一阶段的危机成功地得到解决，就会形成忠诚的美德；如果危机不能成功地解决，就会形成不确定性或说是无归属感、为人冷淡冷漠、缺乏关爱的意识。

埃里克森认为这个阶段体现了童年期向青年期发展中的过渡阶段。在前4个阶段中，儿童懂得了他是什么、能干什么，也就是说，懂得所能担任的各种角色。在这个阶段中，儿童必须仔细思考全部积累起来的有关他们自己及社会的知识，最后致力于某一生活策略。一旦他们这样做，他们就获得了一种同一性，长大成人了。获得个人的同一性就标志着这个发展阶段取得了满意的结果。

埃里克森在许多方面使用同一性（有时也称自他同一性）这一术语。例如，它是"一种熟悉自身的感觉，一种'知道个人未来目标'的感觉，一种从他信赖的人们中获得所期待的认可的内在自信。"[①] 他探讨了同一性和早期经验的关系。

正在生长和发展的青年人，他们正面临着一场内部生理发育的革命，面临着摆在他们前头的成年人的使命，他们主要关心的是把别人对他们的评价与他们自己的感觉相比较，主要关心的是如何把各种角色及早期培养的技能和当今职业的标准相

---

① 爱利克·埃里克森.童年与社会[M].高丹妮，李妮，译.北京：世界图书出版公司，2018：118.

联系这些问题。

这种以自他同一性的形式发生的整合在数量上超过了童年期的各种自居作用。它是自他把一切自居作用与力必多的变化，与先天遗传形成的自然倾向，与在社会各种角色中提供的机会进行整合的这种能力的自然增长的历程。所以，自他同一性的感觉是一种不断增长的信念，一种一个人在过去经历中形成的内在的恒常性和同一感（心理上的自他），一旦这种同一性的自他感觉与一个在他人心目中的感觉相配时，那么，就表明一个人的"生涯"是大有前途的。①

最近，我处理了一个案例：一个大二的女孩子正面临休学的境地，主动和妈妈提出，想去看看心理医生。

我了解到，孩子本该在青春期完成的课题却没有完成。在考大学填报志愿的时候，孩子想以后从事律师职业，但报的却是电子专业，原因是家里人都认为，这个专业出来好找工作。后来发生的一件事让孩子彻底一蹶不振。在填完志愿后，本身是班委的她，因为学习动力逐渐不足，导致考试名次屡屡下滑，甚至不敌"打小抄"的落后生，这给她造成了很大的打击。她对学习产生了懈怠情绪，并且开始怨恨老师，质疑老师为什么不公平公正地对待学生，不好好监考，以至于一提到要回学校时，都非常抵触和恐惧。种种情况显示，孩子确实出现了心理问题，并且情绪感受突出。好的一点是，孩子主动提出看心理医生，担心一旦休学，会耽误自己的学业。

---

① 爱利克·埃里克森. 童年与社会 [M]. 高丹妮，李妮，译. 北京：世界图书出版公司，2018：261-262.

　　我们对她进行了霍兰德职业性格测试，解决她不知道自己要什么、内心迷茫的问题。测评结果显示，她的"企业型"和"艺术型"是13分，其他都是12分，说明不论她学什么专业，只要喜欢并能付出努力都是可以获得成功的，但孩子说她想要做律师，因为她喜欢追求公平公正，富有正义感，如果成为律师，她就能帮助更多人了解法律、运用法律，维护法律的公平和正义。

　　我建议她："你先别着急，你用请假的这一周时间做两件事。首先，在网上了解一下法学相关的内容及工作种类，看看能不能找到自己的定位；第二，到法学系蹭课。看看课堂氛围及学习内容到底是不是你喜欢的。因为有些时候，喜欢的事物未必是真实的。"

　　一般遇到这种情况，我不太建议孩子休学。因为一旦休学，就意味着各方面都比同龄的同学晚了两年，其他人上大三的时候她才上大一。她现在是遇到困难突破不了就想逃避，是没有想到真实的后果的。如果这次休学了，今后再遇到类似的问题，她还会想着逃避，这会影响到以后的发展。鉴于此，我说："当然，如果你能够用两年的时间，知道后面一生想要做的事情，也是很值得的。前提是，方向要对，不然就更耽误了。"让孩子自己去碰撞出什么是对、什么是错，以及她想要什么，完成她在青春期没有完成的人生课题——角色同一性。

　　孩子在青春期出现逆反是非常正常的，这个过程就是为了不断地确认"我到底是谁"，以形成自己的三观，形成角色同一性。如果在青春期形成了角色同一性，有了人生目标，上大学以后就会明确自己要做什么，不用老师和家长再督促。如果没有形成角色同一性，那孩子以后很可能因缺乏目标而变得浑浑噩噩。现在很多大学生进入大学后变得懈怠、迷茫，甚至沉迷网络或者谈恋爱，大多是因为在青春期的角色同一性这个人生课程没有完成。

所以作为家长要认识到，孩子逆反是对的，不要怕不要排斥，要接纳并允许他们去探索、去碰撞，以顺利完成角色同一性的课题。

6. 成年早期（18—25 岁）

这个阶段主要发展任务是获得亲密感，避免孤独感；良好的人格特征是爱的品质。

亲密对孤独的冲突是这一阶段的主要危机。如果这一阶段的危机成功地得到解决，就会形成爱的美德；如果危机不能得到解决，就会形成混乱的两性关系。

这个时期的成年人要学会去爱人，敢于去接受爱、表达爱，能够建立亲密关系，能够把自己的心敞开去依靠一个人，这就是爱的能力，对后面的发展是非常重要的，会让人生更加丰富。

埃里克森指出，唯有具备牢固同一性的人才能敢于涉足与另一个人相爱的情河之中。具有牢固同一性的青年人热烈地寻求与别人的亲密关系……青年人是在寻求和保持同一性的过程中生成的，他们热切和乐意把自己的同一性与其他人的同一性融合在一起。他已具备了与他人亲密相处的能力，也就是说，具备了成为协会会员和伙伴关系成员所须承担义务的能力以及具备了为遵守这些义务而发展的道德力量的能力，即使这些都需要付出巨大的牺牲和让步。①

---

① 爱利克·埃里克森. 童年与社会 [M]. 高丹妮，李妮，译. 北京：世界图书出版公司，2018：263.

7. 成年中期（25—60 岁）

这个阶段主要发展任务是获得繁衍感，避免停滞感；良好的人格特征是关心品质。

生育对自他专注的冲突是这一阶段的主要危机。如果这一阶段的危机成功地得到解决，就会形成关心的美德；如果危机得不到成功的解决，就会形成自私自利的个性。

如果一个人能很幸运地形成积极的同一性，过上富有成效的幸福生活，那么他就会力图把产生这些东西的环境条件传递给下一代。这可以通过与儿童（不必是自己的孩子）提高直接的交往，或者通过生产或创造能提高下一代生活水平的那些东西来实现。

所以，繁殖在建立和指导下一代中是头等要事，虽然有些人由于不幸或由于其他方面特殊的和真正的天赋，而不能运用这个内驱力来为子孙后代造福。的确，繁殖这个概念包含了生产能力和创造能力这类更为通俗的同义词的含义，但是这些同义词都是不能取代它的。没有产生繁殖感的人是以"停滞和人际贫乏"为特征的。①

这是人生最主要的一个时期，会有很多压力，很多问题都出现在这个时期，比如婚姻、亲子、事业发展等。这也是决定人的一生是否能硕果累累的时期，决定了 60 岁以后的人生是因为碌碌无为而悔恨，还是感觉自己此生已无憾。所以这个时期要努力奋斗，解决好各种人生压力，否则 60 岁后可能会觉得

① ①爱利克·埃里克森. 童年与社会 [M]. 高丹妮，李妮，译. 北京：世界图书出版公司，2018：267.

空虚。

8. 成年后期（60 岁以后）

这个阶段主要发展任务是获得完善感，避免失望或厌恶感；良好的人格特征是智慧、贤明品质。

自他完整与绝望期的冲突是这一阶段的主要危机。如果这一阶段的危机得到成功地解决，就形成智慧的美德；如果危机得不到成功地解决，就会形成失望和毫无意义感。

埃里克森把自他完整定义为，只有这种以某种方式关心事物和人们的人，才能使自己顺应形影相随的胜利和失望，顺应其他事物的创造者，或者说顺应各种产品和思想的创造者——只有在这种人身上，这 7 个阶段的果实方能日臻成熟。他找不到比自他完整更好的词来表述它。[①]

按照埃里克森的理论，只有回顾一生感到所度过的是丰足的、有创建的和幸福的人生的人才会不惧怕死亡。这种人具有一种圆满感和满足感，而那种回顾挫败人生的人则体验到失望。看起来似乎令人奇怪，但是体验到失望并不像体验到满足感的人那样敢于面对死亡，因为前者在一生中没有实现任何重大的目标。

这 8 个阶段不但依次相互关联，而且第八个阶段还直接与第一个阶段相联系。换言之，这 8 个阶段以一种循环的形式相互联系（图 1–10）。

---

① 爱利克·埃里克森. 童年与社会 [M]. 高丹妮，李妮，译. 北京：世界图书出版公司，2018：268.

图 1–10 人格发展 9 阶段

60 岁后获得完善感，给自己的人生画一个圆满的句号，觉得此生无憾，可以非常淡定地来享受自己的人生，每个人都应努力在这个时期活出一份人生的智慧来。

二、基本点二：家庭生命周期 8 阶段

所谓家庭生命周期，通常指的是从男女双方结为夫妻、组成家庭开始，至夫妻双方死亡导致家庭解体而告终的家庭发展过程。

家庭组成阶段：脱离原生家庭；组建新的家庭；形成夫妻的角色分工和规则。

学龄前子女家庭阶段：学习为人父母的角色；调整夫妻的角色。

学龄子女家庭阶段：培养子女的独立性；对学校等新的机构和社会成员保持更大的开放性；接纳家庭角色的变化。

青少年家庭阶段：调整家庭界限满足青少年的独立要求；适应家庭成员对个人自主性的新要求。

子女独立家庭阶段：为子女独立生活做准备；接纳和促进子女的自立要求。

家庭调整阶段：重新调整夫妻的角色；学习把子女当成成人对待。

中年夫妇家庭阶段：适应不以子女为中心的新角色要求。

老年人家庭阶段：学习与成年子女沟通；学习与孙辈交流；学习应对衰老带来的困难；保持晚年生活的尊严和独立。

家庭生命周期8阶段是处理婚姻问题时的依据，能帮我们看到婚姻问题背后的深层原因。

比如，两个人结婚后无法真正融合，总感觉一方的心不在家里，原因可能是他还没有真正脱离原生家庭。

孩子出生了，感觉丈夫还跟没事人一样，不主动照顾孩子，也不愿意照顾孩子，问题就出在他还没有学习为人父母的角色，是意识层次的问题，而不只是因为他懒、没有责任心等。

三、基本点三：影响人与人联结三要素

我们身处社会中，大部分的人出现心理问题，都是因为关系出了问题。要处好关系，就是处理好人和人之间的联结，这份联结要符合三个潜在的要素（见图1-11）。

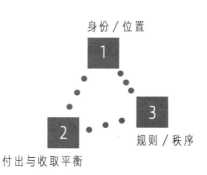

图1-11　影响人与人联结的三个要素

1. 身份/位置

即两个人之间是什么关系，在这份关系中每个人是否有相对应的身份和合适的位置。

比如，咱们是恋爱关系，一起出去见朋友，你要介绍我是你的女朋友，不能说我是你的同事；我要介绍你是我的男朋友，也不是说你是我的同事。这就是身份的介绍，如果身份定位不对，两人的关系就会出现阻碍，一人心里就会不舒服。

身份的定位决定着关系的种类，关系种类也决定着身份定位。关系跟身份定位相匹配，才能正常发展。

位置是指在关系定位后，大家在不在应该在的位置。比如，在一个家庭中，夫妻关系是地基，孩子则是在地基之上建造而成的房子。想要房子足够高、足够稳定，夫妻关系就要稳定。如果把孩子置于中间，就会出现原生家庭关系错位的情况。

有个学员和我说："妈妈有时候会把我当成她老公。"在现代生活中，这种现象并不是个例。本来是个孩子，但是妈妈把对另一半的期望，都寄托在孩子身上。夫妻双方的关系被彼此忽略，两个人之间不再进行直接沟通，夫妻关系受到影响，这个家的地基就有可能出现动荡，这个家便不稳定了。

又比如，夫妻之间因琐事而争吵，跑去找孩子理论："宝贝你说，我们俩谁说的对？"孩子本来是应该受到父母的支持和保护的，结果父母发生争吵，居然把孩子作为判官了。爸爸是天，妈妈是地，而你问孩子："地对了，还是天对了？"你觉得孩子该做何回答？

再比如，两个人谈恋爱，男方说："我想跟你分手。"女方说："不行，我们有孩子了，我怀孕了。"这个时候，她是想用孩子绑住男方，孩子已经成为她的工具。而孩子不应该是工具，本该是爸爸妈妈爱的产物，爸爸妈妈要给予爱、支持和力量。对孩子来说，他已经不在孩子的位置了，只是一个没有位置的工具。

此外，我在咨询中还见到爸爸或者妈妈拉着孩子念叨："你看你妈妈/爸爸和姥姥/奶奶家多不好。"孩子在这种情况下被夹到中间，会产生怀疑："这还是个家吗？爸爸妈妈到底怎么啦？"

2. 付出与收取的平衡

通常情况下，除了亲生父母给予孩子的付出不会要求任何回报，其他所有的关系都需要付出与收取相平衡。

付出与收取的平衡，就是俗话说的"礼尚往来"，表达了对关系的尊重和对彼此付出的尊重。在现实生活中，很多关系的破裂都是因为付出与收取不平衡，大家不好意思说明白，所以关系越走越远。

大家往往对外人可以做到付出与收取的平衡，对家人和亲人就很不在意，其实如果处理不当，影响也会很大。

比如家庭里的婆媳关系、翁婿关系，我们都需要做到付出与收取的平衡。大部分的婆媳冲突，其实在于付出与收取失衡了。儿媳妇在公婆身上寄托了太多期望，渴望他们能够像对待亲生孩子一样对待她，期望彼此相处得像一家人。如果公婆不能满足这点，她心里就会委屈、怨恨，这可能是在公婆身上寄托了对父母的期望。这方面需要理性对待，需要成长，否则会破坏关系。男人在这方面往往会比较理性，不会奢望自己跟岳父岳母要处得跟亲生父母的一样。

在家族成员的关系中，付出与收取的平衡同样重要。我有一个领导，她在家里排行老三，有两个姐姐、一个弟弟。她的工作能力非常强，30多岁的年纪，已经做到了单位的正处级别。她非常孝顺，对家里尽心尽力，但是在离婚后，她和家里所有人的关系都极其糟糕，尤其是和外甥的关系。这让她感觉很委屈。从前对他像儿子一样疼爱，现在却是嘴上不饶人，可谓"水火不容"。她对外甥的付出要不要回报？虽然嘴上说不要回报，但内心是要回报的。可人有的时候是有劣根性的，习惯了你对他好，如果给少了或者不给了，他就不习惯、不高兴，这时你会发现，以前对他的所有好，似乎全都没有用了。同样，她对爸爸妈妈和姐弟的付出也要回报，她要的是尊重，要的是一句"你在外面辛苦了"。

还有一个值得注意的地方，毕竟她只是女儿，并不是父母。她对这个家庭的付出，是承担了父母的责任，而且她对姐弟和小辈只能付出还不能管，只要一管，双方的关系就会崩盘，因为她毕竟不是父母。

之所以说家族系统排列这个疗法适合中国人，是因为它遵守的规则最符合中国的文化和人情世故。付出跟收取的平衡在很多人的潜意识里是被遵守着的，但有些时候该表达的没有表达，该做的没做，导致这个家本来是有爱的，最后都变成了恨。

只要把家庭顺序排对了，很多问题不攻自破。顺序排不对，不论用什么方法都会很蹩脚，不起作用。

还有一种情况特别需要注意，就是抱养关系。如果养父养母特别有爱，格局比较大，他们不求回报，即使养子女后来知道自己是被抱养的，双方的关系也不会遭到破坏，养子女还会有一份报恩之心。假如养父养母抱养孩子的目的是养老防老，或者为了有个后代，当养子女拿不出他们所渴望的回报时，他们就会觉得孩子亏欠了自己，亲子关系就会变得糟糕。

3. 秩序 / 规则

在一个家庭里或者在一段关系中，为了保障家庭正常运转或关系能够长久，就需要遵守一些秩序和规则。

在原生家庭里，夫妻关系应当比亲子关系重要。如果夫妻俩都把孩子看得比伴侣重要，两人就可能因为疏于夫妻沟通而变得疏远，而夫妻关系如果出现问题，势必会影响到孩子。

从另一个角度来说，一个人结婚后首先要经营好小家庭。以前有的男人愚孝，结婚了甚至有了孩子，但他不是想着把小家庭照顾好，而是还把重心都放在原生大家庭上，结果造成小家庭夫妻关系和亲子关系都很疏远，妻子和孩子心里充满了怨恨。还有多子家庭中出现的"扶弟魔"现象，都是没有遵守小家庭重于大家庭的规则，造成的夫妻关系反目。

这些都是家庭正常运行要遵守的秩序和规则。

心理健康的内涵

我们这里所学的一切都是为了达成一个目标，就是要促进我们的心理健康。

心理健康的内涵主要包含以下两点：

1. 悦纳自我——自信、自尊、自爱

世界上有没有完美的人？你有没有天天用完美的标准要求自己？如果你天天用完美的标准要求自己，一旦达不到完美标准，你就会自卑，就会自我攻击，这就是不能悦纳自己。每

个人都有优点和缺点，你要能够接纳自己的优点和缺点，同时还要生出一份智慧，为优点找到合适的发展方向，让你能够生活得更好；为缺点找到解决方法，借助他人让你变成一个圆满的人。

2. 与社会契合、和谐——顺势、借势、造势的能力

什么叫社会？你之外的人、事、物就是社会。你能改变它吗？改不了就要去接纳，与它和平共处。如果有些人、事、物让你实在不爽，你可以选择躲开。"打得过就打，打不过就跑嘛！"你最终要为自己负责。这就是顺势，改变不了就要适应。借势就是立足当下，让资源为我所用。造势就是利用周围一切资源，为自己创造环境，帮助自己达成目标。从来没有所谓的"怀才不遇"，有的是不能跟社会环境契合。

你会发现心理不健康的人会干两件事：经常用一些不必要的标准要求自己，做不到就戳自己刀子，当然这个刀子是无形的刀子；很多人的自我价值感很低，总是通过讨好或者攻击等不正常的方式，维护自身在社会上的个体生存。这些都是心理不健康的表现（见图 1-12）。

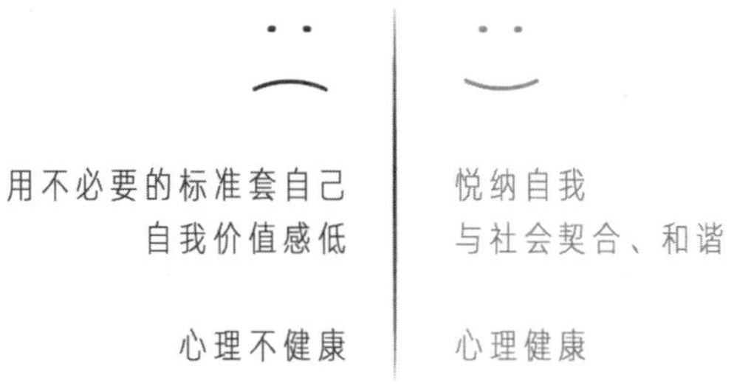

用不必要的标准套自己	悦纳自我
自我价值感低	与社会契合、和谐
心理不健康	心理健康

图 1-12　心理健康与心理不健康的两种表现

我们做心理咨询的目标是帮助别人正确地看待自己、悦纳自我，做到自信、自尊、自爱，同时能够跟社会大环境契合，懂得顺势、借势、造势，从而更好地实现个人成长和目标。

爱是良药

请大家记住，爱是解决所有心理困扰的良药！让爱在自己跟自己之间、自己跟他人之间流动！这是"一个中心、三个基本点"的核心。

其实我们每个人都是有爱的，问题在于你的爱是流动的还是堵住的。如果爱堵住了，就会出问题，所以我经常说"让爱流动"，这是解决心理问题的良药。

图 1-13　让爱流动是化解原生家庭创伤的重要途径

>> 第二章　原生家庭创伤化解技巧

测一测：你给自己打几分

表 2-1　自我价值感测评表

无能类	不可爱类	无价值类
我不能胜任	我不可爱	我毫无价值
我做事毫无效率	我不讨人喜欢	我很坏
任何事我都做不好	我不受欢迎	我是废物
我很失败、我很无助	我没有吸引力	没有人需要我
我是失败者	我是多余的，我被人忽视	我不配拥有好的东西

评分标准：符合 1 条得 1 分，得分越高说明自我价值感越低。

说明：原生家族对一个人影响最大的部分就在于个体的自我价值感是高或是低。自我价值感越低的个体，日子会过得越辛苦。

抑郁是如何形成的

有的人会问："0—6 岁过得很好，长大后是不是就不会抑郁了？"答案恐怕是否定的，一场失恋、一次考试成绩不理想、工作努力却达不到效果……这一切都可能成为击碎一个人的导火索，让人开始质疑自己、怀疑人生。如果不能康复，就可能陷入抑郁情绪。

你不妨来做一个测试，问自己三个问题：

第一，我确定我是个值得爱的、可爱的人？

第二，我确定我是个有价值的、被需要的人？

第三，我确定我的未来是有希望的、一定会越来越好？

如果你三个回答都是肯定的，那么恭喜你，你想抑郁都很难；如果不是，就一起来探究一下，抑郁情绪的来源有哪些呢？

第一，遗传因素。有研究显示，抑郁在家族遗传中的重复率很高。

第二，原生家庭的教养方式。原生家庭的错误教养方式，比如父母总是习惯性地使用贬损类的语言，如，"你怎么总是做不好，你做什么都成功不了"这种带有攻击性的负面语言代替了本该给予孩子的爱和鼓励式的语言。还有父母经常吵架或者打得热火朝天，根本顾不上孩子的情绪，使得孩子产生被忽略感，甚至是愧疚感。这些都属于原生家庭的教养方式问题。

第三，社会环境（习得性无助）。这属于慢性压力，比如当学习能力出现问题，遭到老师的批评、同学的嘲笑，以及跟别人比总是比不过，出现这些情况很容易产生自暴自弃的情绪，甚至慢慢"烂根"。这样就会形成习得性无助，认为自己无论如何都不能达到要求或做好。上述几种都属于造成后天创伤的原因，但决不仅限于此。在社会中，还在不断出现各种事件，成为诱发抑郁情绪的导火索。

第四，大的创伤（应激事件）。一些突发事件，比如天灾、失去重要亲人、失业、失恋等，会让人否定自我，突然觉得自己什么都不行，什么都做不好，也会造成抑郁。

其实普通人因为遗传或是重大创伤而抑郁的概率还是比较低的，最主要还是原生家庭的影响。我经常说原生家庭是我们的生产厂家和4S店，4S店最重要就是当一个人遇到困难和挫折的时候是否能提供足够的支持和肯定。如果原生家庭提供了足够的支持和肯定，那么遇到挫折的时候，当事人自己就能找到突破口。

在这里问大家一个问题：如果你的孩子突然要求你带他去看心理医生，说自己抑郁了，你会怎么处理？

针对这个问题，咱们要分两步来应对。

首先要积极关注孩子，问他发生了什么事想要看心理医生。在跟孩子沟通的同时要回想一下，最近一两个月孩子的状态怎么样？

如果他这段时间不怎么跟家长互动，总是有心事的样子，封闭自己，就一定要及时带孩子去看心理医生，不能有任何延误。因为持续的不开心和封闭自己，说明孩子已经出现问题，需要及时就医。这时如果你再说没有时间，等到周末就带孩子去看医生，或者说今天工作忙，等到明天请假再带孩子去……你的种种推脱都有可能让孩子觉得你不重视他、不关心他，甚至会出现不好的事情。因为孩子已经是在鼓足勇气的情况下和你说要看心理医生了。

如果你孩子一直是该吃吃、该喝喝，每天状态不错，现在突然提出要看心理医生，肯定是出现什么棘手的事情了。这时就要积极主动抚慰孩子，帮孩子解决问题，而不是直接去医院进行诊断。

图 2-1　日常对孩子需要用心关注

现在很多孩子遇到不开心的事情要看心理医生，往往有三个原因：一是从网上看到相关信息，然后与自己的心态进行对照，觉得自己有问题了；二是发现身边同学看心理医生，便觉得自己心情不好，也应该看心理医生；三是孩子遇到困难解决不了，有些不想上学，去看心理医生是个正当的不去上学的理由。在这种情况下，孩子去看心理医生，做出的测评结果可能会比较严重，超出真实状态。如果达到了神经症的标准，医生就会告诉孩子，他现在是焦虑症或是抑郁症，或是双相情感障碍。孩子觉得自己是真有病了，会给自己贴上标签，从此心态会发生变化。家长也会很恐惧和纠结，到底孩子该不该吃药？吃药又怕有各种不良影响。孩子还能管吗？管了害怕出问题。本来没事反而变成有事，我遇到的类似的咨询案例很多。

心理问题的判断

一般情况下，心理障碍要从时间线和程度上进行判断。比如，你现在经历了一件不好的事情，感到压力，心情感到不愉快，进入负面情绪状态。如果负面情绪状态，持续超过了一个月但没超过两个月，叫作一般心理问题；持续并超过两个月，不到6个月，叫作严重心理问题；持续并超过6个月，叫作神经症。这个时候，才会定义为心理障碍，需要就医，建议药物治疗加上心理咨询。

还有另一种情况是急性应激障碍，又叫心理危机，事态之严重打破了他们的心理平衡，所以出现心理危机。这种情况就跟时间无关了，事情发生后，当事人的心理状态便出现了问题。

精神分裂的判断标准有4点：容易被激惹；有妄想；有幻觉；自知力缺失。并不是只要出现幻觉和妄想等症状就是精神分裂，精神分裂最重要的一个判断标准是自知力是否缺失。

大家遇事时，一定要区分病与非病，情绪问题、一般心理问题、严重心理问题可能通过心理咨询解决，但到了神经症和精神疾病的程度，一定要就医，不能耽误。

原生家庭的影响

原生家庭对我们的影响首先是健康，包括心理健康、生理健康、社会健康和精神健康。心理健康我们在上文中提到过，包括悦纳自我和社会的契合；生理健康就是原生家庭在养育我们的过程中，对我们的身体成长带来的影响；社会健康包括能否融入社会、是否有社会兴趣；精神健康是指一个人有所为有所不为，知道什么可以做、什么不应该做。

原生家庭影响的第二个方面是发展方面。发展就是一个人到底如何能够成才，一方面受到认知的影响，另一方面受到经济的影响。比如，《人生七年》这部纪录片，采访来自英国不同阶层的 14 个 7 岁的小孩子，他们有的来自孤儿院，有的是上层社会的小孩。此后每隔 7 年，都会重新采访当年的这些孩子，倾听他们的梦想，畅谈他们的生活。最后发现这些孩子走上了截然不同的人生：有些出身贫苦的孩子，长大后只希望能够有一份稳定的工作，有个温暖的家庭；而中产家庭父母，则希望把孩子培养成社会精英。最终他们大部分人都走上了父母所期望的人生道路。这就是原生家庭对一个人发展的影响，所以我们常说父母的高度决定了孩子的起点。

原生家庭对心理健康不良影响的 5 种原因

一、爱的断裂

如果感受不到来自原生家庭的爱，会让孩子感觉自己是草而不是宝。就像上面的测试，会让孩子觉得自己不可爱、没有价值、无能。

二、错　位

孩子没有被放在正确的位置上，担当了父亲、母亲的角色或者父母之间的协调者。父母没有在孩子身后给予足够的支持或肯定。

三、被当成工具

孩子本应是父母爱情的结晶，但是有些孩子会被当作挽留夫妻关系的工具，或者作为对另一方进行威胁的手段；还有一种是因为老大生病，为了给老大治病才生的老二，这些都属于被当作工具的情形。

四、父母应对挫折的态度

父母对待挫折的态度对孩子的影响也很大。如果父母面对压力时态度从容、淡定、积极，那么孩子以后的抗压能力也会较强。反之，如果父母一旦面对压力就会变得暴跳如雷、互相指责，那么孩子以后的抗风险能力就容易出问题，会变得害怕犯错，不敢尝试新事物。

五、父母处理关系的能力

这里包括父母处理亲密关系、家庭关系、社会关系等方面的能力，这些都会影响孩子以后处理关系的方式。就像我之前讲的"4个儿子"的故事，父亲对母亲的家暴对几个孩子都产生了影响。

依恋理论

依恋是婴儿和其照顾者（一般为母亲）之间存在的一种特殊的感情关系。它产生于婴儿与其照顾者相互作用的过程中，是一种感情上的联结和纽带。

儿童期孩子身上表现出来的依恋特征，成年以后仍然会显露出来，所以成年人也应该具有和儿童一样的依恋类型分类。

人类天生有依附的需要，如图2-2所示。

图2-2　依恋行为具有本能性和遗传性

一、接触产生愉悦

接触能为人们带来愉悦。有一个著名的实验[①]，将一个幼猴放在没有妈妈的房间中，房间里摆放了一个铁丝制成的"金属妈妈"，和一个包裹了软布的"软布妈妈"。研究表明，幼猴会依恋用软布做的玩具母猴，尽管它无法提供食物。当软布玩具母猴在附近时，幼猴有更多的探索活动。幼猴发现害怕的事物时，会跑向软布母猴，并抱住它以获得安慰和保护。由此得知，柔软的触感能够带来安全感。

---

① 20世纪50年代末，美国心理学家哈利·哈洛（Harry F. Harlow, 1905—1981年）和他的同事们所做的"恒河猴实验"。

当孩子发出第一声啼哭，护士就会小心翼翼地将这个小生命托举到妈妈面前，让妈妈抱一抱孩子，亲子之间的接触，就从此刻开始了。在日常护理过程中，还有一项重要的工作就是"抚触"。用婴儿油或者抚触油，涂抹在婴儿全身，妈妈或爸爸给孩子进行全身的抚触按摩。这种亲子时刻，婴儿和家长们都会非常享受，这也是接触所带来的愉悦感受。

爱的 5 种表达语言之中，对孩子的爱最直接的就是肢体接触。其实夫妻之间的爱，最直接的也是身体接触。

二、依恋差异分类

依恋的模式可分为安全性、回避型、焦虑矛盾型和混乱型。在同一情境下，不同的依恋模式的表现也各有不同。有这样一个实验[1]，母亲、陌生人与孩子同处一室，母亲走出房间一段时间后，再重新回到房间，观察孩子的反应与变化，发现有以下几种类型：

安全型（65%）：与母亲一起时，能舒心地玩玩具，并不总是依附母亲；当母亲离去时，明显地表现出苦恼；当母亲回来时，会立即寻求与母亲的接触，很快平静下来并继续玩游戏。

回避型（21%）：当母亲离去时，并无紧张或忧虑；当母亲回来时，他们亦不予理会或短暂接近一下又走开，表现出忽视及躲避行为。这类儿童接受陌生人的安慰与母亲的安慰没有差别。

---

[1]　20世纪60年代末，发展心理学家安斯沃斯（Mary Ainsworth）与她的同事设计的"陌生情景实验"。

焦虑矛盾型（14%）：当母亲离去时，表示强烈反抗；当母亲回来时，寻求与母亲的接触，但同时又显示出反抗，甚至发怒，不能再去玩游戏。

混乱型（4%）：中高水平的寻求亲近、回避和反抗的结合；出现一些矛盾的行为：恐惧、无目的、无连续性、无组织性、无方向性、异常动作。这些儿童曾有被虐待与被忽视的经验（图2-3）。

图 2-3　根据"陌生情景实验"得出的 4 种依恋模式

三、原生家庭有意和无意的伤害

绝大部分父母都深深地爱着孩子，对孩子的未来充满期待。可是，不是每对父母都知道如何教养孩子，有的父母打着爱的名义，以自己的标准，用自认为正确的方式教养孩子，就有可能把孩子伤得"体无完肤"。

我曾接触过一个这样的案例：这个孩子对他的同学说："我妈妈小时候对我非常恶毒，从小就强迫我喝牛奶，不让我喝水！"他妈妈得知孩子在背后这样说她，对她有这么深的误解后，很苦恼地问我："是不是我给孩子造成创伤了？以后会不会影响我们的亲子关系？会不会影响孩子的心理健康？"通过咨询我了解到，来访者是做生意的，生活非常富裕。孩子小的时候比较瘦弱，个子不高。妈妈就想了一招，让孩子将牛奶当水喝。她认为这样一来，不光解渴，还有营养，从此孩子一口渴，妈妈就让他喝牛奶。妈妈的初衷是爱孩子，但她的做法却无意中对孩子造成了心理伤害。从孩子与同学的对话中可知孩子的内心对牛奶有多么大的仇恨，而这恰恰都是爱造成的。

有的父母对孩子的学习、生活进行严格控制，甚至不惜用情感来绑架孩子，让孩子听自己的。这种父母内心深爱孩子，既舍不得孩子受苦又担心孩子走弯路，但无意中把爱变成了孩子成长的障碍。这种强势的控制行为会导致孩子逆反，或者让孩子变得软弱。父母往往意识不到这一点，当孩子出现问题时，父母还会满腹委屈地说："我这是爱啊，都是为了你好，你怎么就不理解呢？"这种教养方式是在爱孩子的同时剪去孩子成长的翅膀，当孩子成人后，他们会因为孩子的无能而失望。

有的父母想当然地觉得，孩子迟早要自己面对现实，所以早早地把孩子送出去闯荡社会，而社会暗藏着很多未知的危险，孩子必然会遇到很多挫折。当孩子还没有足够的本事去应对的时候，如果内心足够强大，还可以慢慢磨炼本事；反过来说，心力不够的话孩子就会感到害怕、恐惧。父母本来想要孩子像小鸟一样飞得更高，结果可能孩子只敢一直在地上跑。孩子从小能够独立的前提是父母提供了足够多的爱。

还有的父母会有意地对孩子进行伤害。有意的伤害指的是父母明明知道这些言行对孩子是一种伤害还是去做：明知道打骂孩子是错误的，会伤害到孩子，依旧打骂；明知道夫妻当着孩子面吵架对孩子不好，依然不控制自己；当孩子在外面受到不公平对待时不想办法去保护孩子等。曾经遇到一些父母这样对孩子说："我学过心理学，里面说了因为我的父母没有给我爱，所以我也没有办法给你爱。"遇到这种情况我会直接说："那你还不如不学心理学，不学心理学你还有作为动物的本能，知道要保护你的孩子。现在学了一点心理学的皮毛，反而跟孩子说你不爱他是因为你从小没有得到爱。那你没有爱为什么要生孩子呢？现在你把孩子生下来，你具有了父母的身份，你就应该为孩子负责。你应该真正去学习和成长，处理好跟原生家庭的关系，把爱给予孩子，而不是理直气壮地让孩子当你的受害者！"

作为父母，如果你是在无觉知、无计划的情况下生的孩子，那是无意识地伤害孩子。孩子生下来后，你直截了当地告诉孩子："我爸我妈都没有给我爱，我凭什么给你爱？我哪有爱给你？"这就是有意地伤害孩子了。更有甚者，有的家长还会对孩子施加语言暴力、体罚、威胁等，这些就是虐待了。

很多父母来做咨询的时候，我都会问他们：

第一，父母做了什么（或者没有做什么），让孩子宁愿牺牲自己的幸福和前途也要回报他们？

第二，父母做了什么（或者没有做什么），让孩子宁愿牺牲自己的幸福和前途也要报复他们？

通常很多父母都会被问得哑口无言，因为他们根本没意识到自己给孩子带来了多大伤害。

对有些原生家庭的伤害，最好的处理方式就是让子女不靠近父母。

曾经有这样一位来访者，她是一个好强、有冲劲的优秀女士。她爸爸是一个非常不称职、不负责任的人，出轨还不管家。

她从小跟着妈妈长大，爸爸在她的成长阶段没有给予她任何的爱和支持。中专毕业后，她只身一人来到北京打工，通过自考，完成了本科学业，并考上了一所985院校硕士研究生。毕业后，靠着她不懈的努力，有了一份很不错的工作，也找到了一位同样优秀的老公。

这时候，她爸爸找上门来了："你知道你为什么能找个好工作、嫁一个好老公吗？那是因为我长得帅，而你长得像我，你漂亮！这才是主要原因，所以你应该给我赡养费！"

在做咨询的时候，她流露出痛苦的神情，对我说："拼搏了这么久，现在好不容易获得了这一切，还有了两个孩子，特别渴望能够把小家过好。"但她内心很苦，对爸爸妈妈依旧满怀怨恨。虽然和妈妈相依为命，但妈妈却没有教会她该如何爱别人，她发现自己不够爱老公，也不够爱两个孩子。她说："我特别想爱，但我没有耐心。只要我让孩子做什么，如果第一遍没做好，到第二遍的时候我就会很不耐烦，到第三遍的时候就会动手，甚至火冒三丈地摔东西！这不是我想要的样子，我不想再这样下去，我想要改变！"但是话锋一转，她接着说："如果现在谁和我说，养儿就是为了防老，不管怎么样父母把我抚养成人，我应该对他们感恩之类的话，我就吐谁一脸！"可见她内心的怨恨有多深。

我们沟通了一段时间，处理她跟原生家庭的关系，以及如何经营现在的小家庭关系。在处理她跟父母的相处模式时，我只问了一句："你现在怎样对待父母以后才不会后悔？"她说："我每个月给他们生活费，他们不要来北京，我也不用回去看他们。如果他们以后行动不便，需要人照顾，我会给他们雇保姆。这样做我就不后悔。"后来她就用这种方式跟父母相处，她反而可以心平气和地跟父母说话，处理好自己小家庭的关系。

原生家庭中，爸爸妈妈无论因为何种原因分开，对孩子都是很大的伤害。因为对于任何孩子来说，对爸爸妈妈都有一种原始的爱，都希望家庭是完整的，所以即使离婚双方是和平分手，对孩子来说还是有伤害的。

图 2-4　父母对孩子的爱是孩子心中爱的源泉

当然，有人结婚也有人离婚，这都是个人的选择，离婚是被允许的，同样是受到法律保护的。两个人结婚就是为了生活过得更好，当彼此已经变成"相爱相杀"，甚至"不爱还杀"的时候，双方都有重新选择自己生活的权利。这时候选择分开不失为明智之举，只是一定要尽可能把孩子问题处理好，减轻对孩子的伤害。如果没有处理好两个人之间的关系，也没有处理跟孩子的关系，父母离婚会给孩子造成很大的伤害。

当今中国社会有一个可怕的现象：夫妻两人离婚之后，当妻子失去丈夫的同时，很多孩子就失去了父亲；或者丈夫失去妻子的同时，孩子失去了母亲。这是最可怕、最可悲的。

夫妻离婚只是解除了夫妻关系，亲子关系永远存在。本来父母离婚已经让孩子没有安全感了，再完全失去一方父母，孩子对父母双方都会有怨恨之心。

有了孩子之后，爸爸妈妈都要学习和改变。不只是对孩子有好处，更对自己有好处，让你能够主动经营你理想中的美好家庭，也能让你摆脱原生家庭的不良影响。心智成熟的父母才是孩子最好的礼物，心智成熟的父母才能给予孩子美好的未来，甚至正向影响着我们的下一代、再下一代。

人的天性是追求快乐、逃避痛苦，我们每个人都希望自己的人生更幸福，不留遗憾，不会后悔，让自己的家族过得更好。那就让原生家庭里的爱流动起来，遇到问题积极解决。

孩子受到伤害后，容易出现的极端行为

一、离家出走

夫妻俩总吵架，把孩子夹在中间，还美其名曰给孩子一个完整的家，但两人一见面就像见到了仇人一样，家里充满了火药味；两个人实在过不下去了，离婚后孩子由两人协同抚养，两人也不再争吵了，能够和平共处。这两种情况，哪一种对孩子会更好一点？

当夫妻俩争吵不断，孩子长大之后，离家出走的概率会比较高。小的时候，孩子只能无力哀求："别吵了，别打了，求求

你们。"所有孩子对父母都有一种原始的爱，渴望父母能给自己
安全感，而孩子一旦长大了、有力量了，就可能离家出走。

图 2-5　父母关系不和谐，孩子就没有家的感觉

二、不好好学习

曾经有一个案例：爸爸妈妈都是公务员，孩子上高二。北
京的 7 月下旬，天很热，孩子却穿着一身黑色的长袖外套和长
裤。我心疼地问他："孩子，你热吗？"他低头回答："不热。"
我仔细观察，孩子确实没有出汗。

我测试孩子内心的力量。他能想到的太阳都是灰蒙蒙的，
山就是他家门前的大土丘，海是绿色的，就是岸边的水。孩子
说："四年级时，我爸带我妈和我去北戴河。我说海水是蓝色的，
但我爸说海水是绿色的。"听孩子这样说，我的心里很不是滋味，
他无法从原生家庭获取力量，我感受到他内心的匮乏，也感受
到他对父爱的渴望。我问他："听爸爸妈妈说，你高二了，学习

成绩不理想，他们担心会影响到你考大学。"男孩儿一下子激动起来，流着泪说："阿姨，有两个时间点我爸就会不要我妈，他们会离婚的！一个是我考上大学后，另一个就是大学毕业给我找到工作之后！所以我不能学习好，最好一直考不上大学，这样我爸就不会跟我妈离婚。"

就是这样原始的爱，就为了爸爸妈妈能够在一起，迫使孩子产生这种极端的行为动机，不敢让自己学习成绩好，不敢考上大学。

三、报复性结果

有些原生家庭的创伤，会导致意想不到的报复性结果。这位来访者是一家企业的老总，31岁，非常漂亮的一位女士。她在12岁的时候，爸爸出了车祸，因公去世。国家给了补助金，爷爷奶奶一份，她妈妈一份，她一份。然而爷爷奶奶为了能够拿到她的那一份，硬生生把她从她妈妈家抢走了，只给妈妈留下了一些破旧的衣服和鞋。这一走就是5年，直到17岁才让她回到母亲身边。在奶奶家，她感受到的是恐惧而不是爱，所以她立誓，以后坚决不结婚，不生孩子。这意味着，他爸爸这边的家族就没有后代了。无意也好，有意也罢，这就是对整个家族的一种报复。

原生家庭的爱与恨

成人后，我们需要平衡三件事。

第一件事，提升工作挣钱的能力；第二件事，经营好自己的核心家庭；第三件事，照顾好原生家庭的父母。要兼顾这三件事，是需要智慧的。

有人把三件事情平衡得很好，有人却只愿意平衡核心家庭和工作，却不愿意考虑原生家庭，因为曾经受到过原生家庭的伤害。

爱和恨，都是把我们捆在一起的途径。爱一个人，随着时间推移，喜欢的那个劲儿会过去，所以才会有"美好的爱情持续 30 个月左右"的说法。两个人结婚的时候都是希望相亲相爱一辈子，白头偕老，可还是有些人，走着走着就变成陌生人了，甚至最后变成仇人了。恨有时可以让你一辈子都记得某一个人，恨甚至比爱能把大家绑得更紧。

原生家庭更是如此。究竟父母做了什么（或者没做什么），让你宁愿牺牲自己的幸福和前途也要回报他们？父母做了什么（或者没做什么），让你宁愿牺牲自己的幸福和前途也要报复他们？这是本章需要严肃讨论的问题。

案例分享

2023 年 6 月 2 日，河北石家庄警方接到报警电话，有司机开车将一名女子拖行了 20 米。警方来到现场了解到，这名女子正带着一双儿女走在街上，孩子发现有辆车很像爸爸的车，但副驾上坐着一个女人。妻子赶忙过去查看，发现是老公和小三在车上。女子气从中来，想到自己每天辛苦摆摊养家，男子却在外面养小三，便抓住小三的头发理论。为了帮小三，丈夫竟然开车拖行妻子。此事惹来很多群众围观，两个孩子也目睹了全程，流泪不止。

　　父母该如何处理这件事才能减少对孩子的伤害？

　　这个案例涉及两种关系：一种是夫妻关系，另一种是亲子关系。

　　第一，到底是什么原因，让这位妻子不得不忍受丈夫的持续出轨？我大胆推测背后的原因，有可能是妻子的原生家庭无法给予她所需的支持，让她不敢离婚；有可能小时候父母的爱给得不足，导致她自我价值感不强，不觉得自己有资格享受美好的爱情；有可能是为了给孩子一个完整的家，所以才委曲求全；还可能是不确定自己的未来，宁可待在一个熟悉的环境里。

　　第二，现在这位妈妈做什么能保护孩子、减少对孩子的伤害，让两个孩子从这件事情中解脱出来？首先，爸爸真诚道歉，其次，妈妈跟孩子们好好聊聊，向孩子保证自己会处理此事，孩子们不要管，这是爸爸妈妈之间的事。

　　第三，不要再编故事，不要说"其实爸爸爱你，也爱这个家"，而是如实地说出真相："现在的情况是，爸爸妈妈永远是你们的爸爸妈妈，你们永远是我们的孩子。我们两个人之间不爱了，可能是因为当初结合就有问题，也可能是因为我们没有经营好这段婚姻，导致现在要面临离婚的问题。"大胆说出真相，即婚姻已破裂，这就是现实。这样，孩子们才能知道，这件事其实是跟他们无关的，也就不会夹在爸爸妈妈中间左右为难了。妈妈在这个时候再告诉孩子她对这件事的决定，孩子就可以走出来了。真相永远是解决问题最好的方法。

　　第四，为母则刚。妈妈说出真相就是在面对创伤，力量自然会出来，妈妈是完全有能力把孩子养育好的。

　　那怎么处理跟原生家族的关系问题？如何跟原生家族和解，

从原生家族里真正地独立出来？

下面教大家 4 个简单易操作的技巧。

一、技巧一：接受父母法技巧

只要是跟父母的关系问题，都可以用这个"接受父母法"技巧来解决，而且可以反复使用。

1. 改变头脑中的关系

你也许会有这样的疑问："是不是要对着自己的爸爸妈妈做这个技巧练习？"千万不要这样做，可以把他们放在你的心里。"接受父母"源自你头脑里面关系的改变，而不是源自真实世界的改变。

比如，我抓着你的手，越来越使劲，你会感觉到手越来越疼。追求快乐、逃避痛苦是人的天性。当我抓痛你的时候，你心里会想："我如何才能摆脱痛苦？"针对这个需求，除了胆汁质的人，一般情况下大部分人还是不太愿意直面冲突的。因此，你可能会选择发出请求："张老师，你的手松一点儿可以吗？"如果我这时回答："凭什么呀？我抓着挺好的呀！"你会发现，让别人改变是件难事，你的痛苦跟别人又有什么关系呢？

在请求无效的情况下，也许你会选择"以其人之道，还治其人之身"。你让我疼，我也让你疼，导致两个人扭打到一起。可即便这样，还是无法达成目标。

现在，你冷静地想一想，要想彻底摆脱痛苦，必须是谁做出改变？只能是你想方设法地挣脱出来，才能不再痛苦。

这就是大家常说的："谁痛苦谁改变，谁强大谁改变。"只有不断学习，才能让自己强大起来。当你强大的时候，你才能有效地改变局面。当你改变了之后，就会形成"一子动而百子动"，整个局面都会发生改变。

所有关系的改变，不是改变真实的事情，而是改变脑海中你和这件事情的关系。

图 2-6　不用改变外面世界，只要改变你脑海里跟世界的关系

分享一个多年前我在开团体治疗时遇到的案例。

一名学员问我："老师，我一个人睡觉时不敢关灯，一关灯就会看见在我床边坐着一个人，但听说开灯睡觉对身体不好，我该怎么办呀？"

我问她："这种情况从什么时候开始的？这个人是男的还是女的？你觉得他是谁？"

她回答："从小学二年级的时候开始的。我知道他是一个男人，是鬼。因为那时我跟几个小伙伴一起去野外，发现了一个大坑，稀里糊涂地把一块骨头捡回了家。奶奶说那是死人的骨头，我把骨头捡回来会做噩梦的，从那天开始，我就经常做噩梦。"

　　根据来访者的叙述，我知道这其实是一个强烈的暗示造成的创伤，但我不能说这是暗示，也不能说"科学都证明没有鬼，你不要害怕，这是你想多了"，这样一来她只会觉得我不了解她，肯定也帮不了她，她甚至会后悔告诉我件事。

　　这个来访者的诉求，表象是想解决晚上不敢关灯睡觉的问题，实则是处理她跟这个"鬼"的关系。咨询师要先跟她共情，理解她的恐惧，然后改变她大脑里她和这个"鬼"的关系。

　　引导来访者做了几个深呼吸，待她放松后提问："你想象这个鬼站在你前面，看看这个鬼多大年纪、穿什么衣服、有什么表情和神态，你认为他有什么想法？你们已经共存了这么长时间，他有没有对你做过什么实际的伤害？"问这些问题是让她能静下心来，宣泄心中的恐惧。等她答出来后，我对她说："如果这个鬼想要害你，应该早就害你了，但你现在还很安全。那他的出现是想表达什么？你想对他说些什么？"来访者这时突然掉眼泪了，她说："对不起，我当时太小不懂事，惊动到您了。感谢您这么多年并没有伤害我。谢谢您，对不起。"来访者说了好几遍"谢谢您，对不起"，慢慢地，她的神情放松下来，睁开眼睛，说："他走了，他原谅我了，他说就是想得到我一个道歉。"后来来访者反馈，咨询后第一天晚上就已经没有"鬼"了，她能安心睡觉了。

　　这个案例给我们的启示是：不要说"鬼"存在不存在，只要改变来访者头脑中跟"鬼"的关系，咨询效果就会出来。

图 2-7　看见即改变的开始

再举一个例子。

学员小夏总担心孩子会因为不吃蔬菜而营养不均衡，影响孩子健康。她坚持认为，只要吃了蔬菜，孩子就会健康。正因为别人家孩子什么都吃，特别是吃很多蔬菜，所以才健壮。而她的孩子相对瘦弱、身高偏低、体能较差，各方面不如别的孩子，就是因为孩子不吃蔬菜。

你要证明她的孩子营养不均衡跟吃不吃蔬菜关系不大，有没有意义？没有任何意义，她只会觉得孩子不是你的，你站着说话不腰疼。这时，帮她解决问题只有一个方向，就是在孩子不吃蔬菜的情况下，让孩子健康强壮起来。一种方法是把蔬菜做成美味佳肴，孩子吃一些就夸奖他，给他美好的感受；另一种方法是吃跟蔬菜营养和功用一样的替代品。至于哪一种方法，由她做出选择。

重要的一点是，你要肯定她作为母亲对孩子的那份深爱，同时相信，母亲为了孩子的健康，让孩子能把蔬菜中的营养素吸收到位，至少有二三十种方法。

2. 接受父母法的引导词及解读

接受父亲的引导词

爸爸，您是我唯一的爸爸，也是最有资格做我爸爸的人。我完全接受您为我的爸爸，完全接受您给我的一切，亦接受因此而需要付出的所有代价。请您接受我为您的孩子。

生命经由您和妈妈传给我，里面已经拥有我需要的全部力量、爱和支持。就算我有其他需要，也会运用你们给予我的，在其他地方得到。

我知道我的人生路不会平坦，途中会有很多挫折和失败。无论我经历怎样的失望和伤害，我知道你们给我的力量、爱和支持，已经足够让我去渡过难关、去成长。

爸爸，我会做很多好事，让你们以我为荣。当我准备好的时候我会／我已经有自己的家庭，把生命传下去。我会很好地照顾我的家庭，我会建立成功快乐的人生。爸爸，请容许我用这个方式来表示对您的爱、感谢和尊崇。

爸爸，我把您放在我心里最重要的位置，在那里您每天都知道我做的好事，我也每天都感受到您对我的爱和支持。

爸爸，谢谢您。爸爸，我爱您。

我把这段引导词做一个解读。

爸爸，您是我唯一的爸爸，也是最有资格做我爸爸的人。

这是个生物性的事实，没有办法辩驳，因为给予你生命的人就是你的爸爸妈妈，跟他们生下你以后如何对待你没有什么关系。在他们给了你生命时，他们就拥有了"爸爸妈妈"这个称呼。

如果实在觉得这句话说不出口，就加一句："因为您给了我生命。"你甚至可以很冷地说，都没有关系。

我完全接受您为我的爸爸，完全接受您给我的一切，亦接受因此而需要付出的所有的代价。请您接受我为您的孩子。

说这句话时，要给予来访者足够的时间，让他把以前的伤痛都说出来，如"小时候经常打我，批评我"等。

有的人不敢说出父母对自己的伤害，其实说出来后，自己会感觉轻松很多。说出来了，才敢面对；面对之后，才能放下；放下之后，才能转身离开，才能去拥抱自己想要的生活。

生命经由您和妈妈传给我，里面已经拥有我需要的全部力量、爱和支持。就算我有其他需要，也会运用你们给予我的，在其他地方得到。我知道我的人生路不会平坦，途中会有很多挫折和失败。无论我经历怎样的失望和伤害，我知道你们给我的力量、爱和支持，已经足够让我去渡过难关、去成长。

在这个部分，有的人会情绪比较大，比如会说"我几次创业失败，那时候我都想要结束我的生命"等，所以在这个时候，节奏可以慢一点，让他说完这个过程。这里所说的"力量、爱和支持"，是指在我们的生命里，父亲和母亲这两大家族支持了你。对于你来说，生命是这样传承下来的。他们只是生命的传递者而已，所以你这个生命里边，两个家族的基因都在你身上，你必须拾起并传承，否则会没有力量。

我们说每个人都有力量让自己更好，但可怕的是这股力量经常用错了方向。

一位学员突然在课堂上说："老师，我要跟我老公离婚！"大家都很惊讶。她说："我已经被我老公家暴两年多了。"

我听了后，没有回答她，而是问其他学员："你们觉得她能离婚吗？以后能把自己的生活过好吗？"

很多学员都回答不能，我问为什么，他们说她能被老公家暴两年多，就表明她肯定没有离婚的决心。

我的回答是："她肯定能离婚，同时把自己的生活过好。为什么呢？人的天性是追求快乐、逃避痛苦。当一个人知道下班回家后会被家暴，还能坚持两年多，她的力量大不大？大。只是过去的两年多她用错了方向，把力量用到忍受老公的家暴上。如果她把这股强大的力量用到让自己过得更好，她一定能做到，而且这更符合人性，会得到正面反馈，让她越过越好。"

如果你现在觉得自己过得不好，先看一下自己的能量有没有用对方向。如果你天天都把你自己搞得很不开心，不断地自我攻击，让自己陷入痛苦，那你这股力量是极强大的。所以，你就需要有意识地或者借助外在资源及时地把这股强大的力量调转方向。

爸爸，我会做很多的好事，让你们以我为荣。当我准备好的时候我会／我已经有自己的家庭，把生命传下去。爸爸，谢谢您。爸爸，我爱您。

在这个部分可以进行简单采访，了解来访者基本情况：是否结婚了？有没有孩子？想不想有孩子？

不想结婚的人："爸爸，我不准备组建一个家庭，但请您放心，我能把我自己照顾好。"

想结婚："爸爸，当我准备好的时候，我会有自己的家，会把您和妈妈给我的生命继续传承下去，让家族更旺盛。谢谢您。爸爸，我爱您。"

已婚的人："我已经有了家庭，已经把生命传给了某某某。谢谢您。爸爸，我爱您。"

如果亲子关系比较好，可以这样说："爸爸，我把您放在我心里最重要的位置，在那里，您每天都知道我做的好事，我也每天都感受到您对我的爱和支持。我会很好地照顾我的小家，我会建立成功快乐的人生。谢谢您。爸爸，我爱您。"

如果亲子关系不好，就会觉得什么话也说不出来，可以做一定程度的修改，怎么舒服怎么进行下去。因为，我们的最终目的是让爱在我们和父母之间流动。

一般做到这里的时候，我会建议爸爸和妈妈去拥抱孩子，感受传承的那股力量。

总结一下两种情况：当孩子跟父母的关系不错，我们按整个过程让爱流动；当孩子跟父母的关系没有办法调和，就先引导孩子接受现实，接纳真相，说明真相是解决问题最好的方法。咨询师的坚定，反而有利于来访者的改变。

这就是快速处理与父母关系的技巧。

接受母亲的引导词

妈妈，您是我唯一的妈妈，也是最有资格做我妈妈的人。我完全接受您为我的妈妈，完全接受您给我的一切，亦接受因此而需要付出的所有代价。请您接受我为您的孩子。

生命经由您和爸爸传给我，里面已经拥有我需要的全部力量、爱和支持。就算我有其他需要，也会运用你们给予我的，在其他地方得到。

我知道我的人生路不会平坦，途中会有很多挫折和失败。无论我经历怎样的失望和伤害，我知道你们给我的力量、爱和支持，已经足够让我去渡过难关、去成长。

妈妈，我会做很多好事，让你们以我为荣。当我准备好的时候我会 / 我已经有自己的家庭，把生命传下去。我会很好地照顾我的家庭，我会建立成功快乐的人生。妈妈，请容许我用这个方式来表示对您的爱、感谢和尊崇。

妈妈，我把您放在我心里最重要的位置，在那里您每天都知道我做的好事，我也每天都感受到您对我的爱和支持。

妈妈，谢谢您。妈妈，我爱您。

这个模版我特意给爸爸妈妈准备了各一份。因为在实操过程中，转换称谓的时候很容易出错，所以根据实际情况自行变换即可。

接受父母的技巧，每个人可以多次练习，或者相互练习，会让我们越来越感觉到家族的力量。

3. 关于控场的几个问题

当来访者说话有些迟疑的时候，可以及时询问："你愿意这么说吗？你想怎么说？"

当来访者拒绝称呼爸爸妈妈时，你可以引导他这样说："我不想称呼你'爸爸/妈妈'。"这句话里有"爸爸""妈妈"这两个词，她说"不想"时，其实已经承认了爸爸妈妈的身份。

当来访者面对父母情绪很强烈时，允许来访者宣泄出来，必要的时候另做处理。

4. 实操过程

（1）4人小组练习

一个人做引导员，对面坐着的是父母，孩子是来访者。

具体要求：

- 爸爸在妈妈的右边，因为右边代表了上位，是家里的引导位置。

- 引导员时刻关注练习的学员，当他们的情绪过于强烈时，就要做一些事情。比如，将五指并拢，轻轻地放到学员脖子后面的位置，起到支持的作用，同时告诉他："别着急，试着说完，看看会怎么样。"实在不行就不让他酝酿情绪了，说"我们可以停一下"，然后进行干预。

- 爸爸和妈妈不要酝酿情绪，把脑袋、记忆放空，跟着感觉走。

- 和爸爸对话，看着爸爸的眼睛。如果孩子开始低头，引导员就要提醒："来，你看着爸爸说话。"

每个学员都要体验，只有自己体验过了，才能更有效地为他人做引导，因为你了解了此过程的心态以及有怎样的心理期待。

（2）咨询师模拟练习

"接受父母法"在一对一辅导时，可以通过想象来完成，而不是给来访者讲理论。请来访者坐得舒服一些，闭上眼睛，把你的手五指并拢，轻放在来访者脖子和肩膀的交界处大椎的位置，引导来访者深呼吸，放松下来（如果他的衣领比较低，为了避免皮肤接触，可以把衣领往上提，或者用餐巾纸、软毛巾垫着）。

引导来访者想象父母就站在 / 坐在他前面（即使来访者父母双方 / 一方已经离世，也可以使用这个技巧），请来访者分别对父母说出接受父母的引导词。

小贴士

想象爸爸妈妈在前面时，要询问："感觉一下，他们有没有在看你？他们的表情和眼神是怎样的？是什么发型？穿什么衣服？"通过这些细节的询问，让来访者凝神聚焦，跟父母产生联结。

根据来访者的真实情况灵活运用和修改引导词。

来访者有情绪时，先处理情绪，再继续练习。

最后可以用拥抱来表达爱。如果来访者从小没有被爸爸妈妈抱过，可以让他抱着你的腰，以体会被抱的感觉，完成疗愈。

（3）咨询师实操案例分享

用"接受父母法"处理从小被父母送人的案例。

来访者小李长大后得知他是被领养的孩子，亲生父母就在距离不远的村子里。他心里一直有个结，怨恨亲生父母把自己送人，所以现在40多岁了，跟亲生父母的关系依然很冷淡。养父母抚养并教育了他，对他非常好，他也特别孝顺，但是没有来由地感觉身后没有太多的支持，没有足够的安全感。

下面是运用"接受父母法"处理他跟亲生父母关系的过程。

请小李坐在椅子上，我把手轻放在他脖子后方大椎的位置，引导小李闭上眼睛："现在，你做几个深呼吸让自己静下来，想象亲生父母站在你的右前方，当你能够看到他们表情时，点点头让我知道；再想象你的养父母站在你的左前方，他们并排站在一起。现在你看着亲生父母对他们说（也可以在心里说）：'感谢你们给了我生命，你们就是我的爸爸和妈妈，我身上流着爸爸和妈妈两大家族的血液，也因为拥有了这份生命，所以我感谢你们。'

"然后想象向他们深深鞠躬或者跪拜，由你的感觉来决定。再继续说：'我知道你们把我送给我的养父母有你们的原因。我接受这份生命，也接受你们对我做的这件事情，也请你们接受我是你们的孩子。'

"说完这些话后看着他们，如果你想让他们抱抱你，你可以说'求求你们抱抱我'，如果不愿意就只用看着他们。"

小李这时开始痛哭，不断地说："求求你们抱抱我。"

"好，想象自己回到小时候，体会被亲生父母拥抱的温暖、力量和爱的流动。"

这里我让小李拥抱着我，给予他足够的时间来宣泄情绪。当他情绪稍微平静时，继续对话。

"是的，他们有他们的原因，但让你因此有缘结识了你的养父母。现在对亲生父母说：'儿子会代替你们报答养父母对我的养育之恩，现在有两个爸爸、两个妈妈爱我，我很开心。'想象着对养父母说：'谢谢你们，谢谢你们代替我的父母养育我，谢谢你们给我的爱和照顾。我爱你们，我会尽我的力量把你们照顾得很好。'

"现在，对亲生父母说：'儿子会照顾好自己的小家，儿子会建立成功快乐的人生，儿子会把你们给我的生命和爱传承下去。从此以后，儿子会更有力量，儿子的前途也会更好。谢谢爸爸和妈妈们！'

"想象你在两个爸爸和两个妈妈的怀里，把一直以来的委屈、压抑和无力都宣泄出来，同时感受他们给你的爱、支持和力量。"

这里要留出足够的时间，直到小李的表情平静下来，露出幸福的微笑。

"现在，想象你的媳妇和两个儿子站在前面，两个爸爸和两个妈妈在你的后面。两对父母送给你们最真诚的祝福。

图 2-8　咨询的过程即梳理的过程

"从此以后，你会用你的聪明才智，更轻松快乐地成功，你知道你可以。

"从此以后，你不用再撑着了，我知道你会更好。

"来，做几个深呼吸，把你现有的感觉储存在心里。把这个场景记住，在需要的时候就让它重现。如果觉得可以了，就睁开眼睛。

"我们知道，成功是轻松的，也是快乐的。我们就到这里，可以吗？"

二、技巧二：拥抱技巧

三个人一组，分别扮演父亲、母亲和孩子，轮流做父亲、母亲和孩子。父亲在前面抱着孩子，母亲在背后抱着父亲和孩子。一次体验10分钟，再换角色体验。当体验都结束后分享彼此的感受。

这个技巧个人也可以通过想象来练习。

拥抱法可以直接、快速地联结父母。

三、技巧三：自我整合技巧

你有没有纠结过该走东、该走西、该走南、该走北？

当你纠结内耗的时候，运用自我整合技巧，可以身心合一，全力去做让你的生活变得更好的事情。

你先想一件让你纠结的事情，分辨出两个声音／两个角色。一个是想要做事的自己，一个是发出反对声音的自己。

图2-9 脑袋里的每一个声音都是为了你好

076   »   爱的重构：让自己成为家庭幸福掌舵人

然后拿出两张纸，分别写上自己内心的两个角色（同样都是写上自己的名字，但用不同颜色的笔写）。第一角色是想做事情的自己，第二角色是发出反对声音的自己。把两张纸相对地放在地上，相距两三尺。你先从站在"第一角色"的位置开始，然后站在"第二角色"的位置上，最后再站回"第一角色"结束。

你站在"第一角色"上，看到对面有一个爱批评的"自己"。想一遍有关的事或行为，问问自己："我这样做想得到些什么？这个又能带给我什么？为什么它这么重要呢？"一遍又一遍地这样问自己，直至这个答案达到身份及以上的层次。例如，"我想拥有一个成功快乐的人生、证明我是一个有能力的人、证明我可以照顾自己"等。

然后站入"第二角色"，看着对面的"自己"，想一想自己是怎样责备批评对面的"自己"的，然后问自己："我责备他的目的是什么？我想得到什么？"与前面一样，找出责备背后的价值需要，也就是你为了自己好的正面动机。一遍又一遍地问自己，直至找到的正面动机达到身份层次。比如，"我不希望你受累、我不希望他们觉得你是一个好欺负的人、我担心你这样做会被拒绝"等。

这时你会发现，原来两个角色都想要你更好。

这时你再站回"第一角色"，面对"第二角色"说出以下的话："我做这件事是为了让自己成为一个负责任的人。你责备我、批评我，原来也是为了让我更加幸福快乐。原来我们都是为了使 ×××（自己的名字，如张砾匀）活得更好，有更成功快乐的人生。当我们的力量结合在一起时，我们会更能帮助 ×××，使 ××× 活得更好，有更成功快乐的人生。现在，是时候让我们结合在一起了。"

然后你闭上眼睛，伸出双手，想象握住对面"自己"的双手，慢慢地把对面的"自己"拉过来，拥抱他，感受他把头靠在你的肩膀上，然后在他的耳边轻柔地、细声地说出两句只有你们俩知悉的话，以肯定两份结合的力量会多么有力地帮助×××。再听听他也在你的耳边说出的两句话，让二者的结合使 ××× 活得更好，有更成功快乐的人生。体会两人融合在一起的感觉，当你感到舒服时，要大力吸气，使这份感觉在体内膨胀、变大，充斥全身，好好地享受这份舒适同时充满力量的感觉，慢慢地睁开眼睛。

你随便做几个动作打破状态，然后再想这件事，看看自己的感觉如何。

这个技巧用熟悉了，你会发现以后自己的纠结会减少很多。

实操过程

来访者纠结于离婚的事情，不想离婚的理由是想给孩子一个完整的家，因为她不能够承受孩子没有完整的家庭之后，可能会受到的伤害，但心里还有另一个声音说她怎么这么怂，怎么就不敢给丈夫一些颜色看看，受他欺负受他摆布。

用纸写上第一角色，代表不想离婚，给孩子一个完整的家。

第二角色，觉得她怂，被欺负。

现在引导她站在第一角色说："我不想离婚，我想给孩子一个完整的家。因为我现在还没有把握，不能确定离婚之后不会给我的孩子造成伤害，所以我想更安全一点，不离婚。"

站到第二角色上说："你难道为了孩子就要牺牲你后半辈子吗？孩子又不是你一个人的，他这么对你，你还忍受，真怂！"

第一角色："我不是怂，是我们把孩子带到这个世界上的，孩子没有错，我不希望孩子受苦。"

第二角色："你不想孩子受苦，你就要牺牲你自己吗？你要毁掉你的一生吗？你一生就要这样过下去吗？"

第一角色："在我没有准备好能给孩子更好的生活之前，在孩子没有独立之前，受再多的委屈，我都要坚持，因为我希望自己是一个负责任的母亲。"

第二角色："我不是不想你做一个负责任的母亲，我更想你能够成为一个幸福的女人。你这么善良，你值得拥有幸福的生活，而不是被困住。"

来访者再站回"第一角色"，面对"第二角色"说出以下的话："我做这件事是为了让自己成为一个负责任的人。你责备我、批评我，原来也是为了让我更幸福快乐。原来我们都是为了使×××（自己的名字）活得更好，有更成功快乐的人生。当我们的力量结合在一起时，我们会更能帮助×××，使×××活得更好，有更成功快乐的人生。现在，是时候让我们结合在一起了。"

然后引导来访者伸出双手，想象握住对面自己的双手，把对面的自己拉过来，拥抱她，感受她把头靠在自己的肩膀上，然后在她的耳边，轻柔地细声地说出两句只有彼此知道的话，体会两个角色融在一起之后的那种力量感。

"你现在可以做3次深呼吸，每次吸气的时候让这种好的感觉，在身体里边变得越来越强，储存在你身体的每个细胞，当你需要的时候它就可以调动出来。

"当你感觉足够时，可以睁开眼睛。"

效果测试："现在想起这件事还有纠结吗？"

这个技巧，我自己也会经常使用，省略复杂的步骤，就是两个角色互相阐述，

说出来就会和解。

四、技巧四：自我赋能技巧

长大的过程就是从父母手中接过来爱自己、给自己支持和力量的过程。

爱自己，从不因一件小事责怪自己开始。

1. 自我拥抱法

找一个安静的地方坐下，做几个深呼吸让自己静下来，想象一个自己站在你的前面。可以是小时候的自己、长大后的自己、成功的自己、挫败的自己，或者现在的自己。然后以你最渴望、最想要的方式来拥抱他（她）。因为只有自己知道，到底想要怎样的拥抱。

图 2-10　你有多温柔待己，就有多悦纳自己

然后，和他（她）说现在心里最想要说的话，说他（她）最想听的话。这些话一定要是正能量的、充满爱的、没有任何指责和批评的。说的时候，同时体会被拥抱的感觉。

身体是最灵敏的，属于我们的潜意识。所以，好好拥抱自己的身体，我们的心灵才能够打开，才能够感受到爱，让爱流动。

我们的身体在发生变化时，心理就会发生变化。

在处理原生家庭创伤的时候，只用做到两点：一个是和父母的联结，另外一个是自我接纳。在这两点的基础上，加强练习，就能灵活地进行模版变形。

2. 日记法

日记法就是每天给自己写日记，给自己起个昵称，记录每天的事情，最重要的是要给自己鼓励，跟自己说"加油，一定可以"这类的话。

3. 写情书

写情书也是自己给自己写，想写什么都可以，给自己起个昵称，要跟自己多表达爱。一开始可能觉得不好意思，觉得可笑，不习惯，但是每天写一句都可以，这个非常有用。

图 2-11　把对自己的爱和支持写出来

无论是自我拥抱、写日记或者情书，都是给自己赋能的方法，让自己觉得自己可爱、有价值、有希望。其实呢，在这个世界上最不应该背叛自己的人是谁？是自己。但是有时候我们会发现，伤害我们最深的人往往就是自己，既然我们要感受爱，就要从爱自己开始。我们中国文化会讲"你好我好大家好"，但是心理学会讲"我好你好大家好"。要想爱别人，先从爱自己开始。

4. 实操过程

一位学员说她很怕蛇。虽然有人说她的吉祥物是蛇，她也买了漂亮的蛇雕像放在家里，但每次看到蛇的雕像，心里会很害怕，总是下意识回避看到蛇雕像。

"我是一个非常怕蛇的人，刚才闭上眼睛我就看到一条蛇，颜色是香槟色，发出'嘶嘶'的声音。它在广场上，突然间立起来，回头看了我一眼！我先是心里咯噔一下，然后发现它其实挺漂亮的。它看到我的反应，就回过头爬远了。"

现在，我来处理她和蛇的关系。我不知道以前发生了什么，可能是她看到过蛇，也许是听别人说过可怕的蛇，或者看到电影里的蛇，等等，不管是什么原因造成的她怕蛇，现在我用行为疗法里的能量脱敏法来消除她对于蛇的恐惧。

引导来访者把两只脚结结实实地踩到地面上，两手掌心朝上自然地放在大腿上，然后我把手轻放在她脖子后方大椎位置。

"请闭上眼睛想象这条蛇的样子，当你看到它的时候点点头。不管你看到怎样的蛇，可能是家里的那条蛇，可能是刚才出现的那条蛇，也有可能是以前看到的蛇，都可以。现在，注视着它，并且做三次深呼吸。吸气的时候，用鼻子来吸气，呼气的时候，轻轻地用嘴吐气。

"跟这条蛇对话，你想跟它说什么？你觉得以前对它的害怕，是在提醒你什么？你现在对它说什么让你们可以成为朋友？

"比如说，你发现你俩有很深的缘分，你觉得它挺好看的。你甚至可以走过去摸摸它，如果感到紧张就做深呼吸。想象你每天回到家，看到它觉得是温馨的、有力量的，让它给你带来好运，能够真正地帮到你。以前它让你感到害怕，可能是因为你担心它伤害你，其实你是有办法来保护自己的，对吗？

"同时，你可以和家里那条蛇成为好朋友，对吗？再做几个深呼吸，跟它对话。明明知道它是你的吉祥物，对吗？告诉它，你每天回到家看到它，愿意摸一摸并且感谢它。对，看看它有什么变化，再来跟它建立关系，直到你可以很开心地摸它，再点头向老师示意。"

"老师，蛇已经在我手里了。"

"非常好，那就再抱一下。让它贴着你的胸口，让它感受到你对它的这份感情。我知道你能做到，体会那份情感是有爱的，你会发现自己的内心也很充实，对吗？是的，亲爱的，简直爱不释手。你可以睁开眼睛了，分享一下你的感受。"

女学员睁开眼睛，兴奋地说："我有一个感觉，它就是我。我真的是有生以来第一次觉得，蛇居然挺好看、挺可爱。它一直看着我，就像在问：'你怎么了？'大概就是这种感觉，我突然就觉得，它是不是就是我自己。然后在您跟我说可不可以抱抱它的时候，我刚托起它，就感觉它缠在了我身上，而且能感受到重量。因为心中还是很恐惧，所以我一直都处在燥热中，但这种恐惧不是想挣脱的那种，而是想靠近，又有种陌生的恐惧，还好最后努力克服了。在最后一刻，觉得它是很温暖、很有力量的。"

在这个案例中，我运用了如下技巧。

第一是能量脱敏法。大椎是输入支持和爱的位置，我在这里给了她支持，做心理咨询一定要有爱。让她看着所恐惧的事物做深呼吸，随着深呼吸，来访者的恐惧情绪会慢慢减缓。

第二是让她在想象中和蛇对话。一定要跟蛇产生对话，放下恐惧了但不对话、不表达，就不会成为朋友。这时候，可能会遇到一些情绪障碍，一定要让她的情绪表达出来，才能消除障碍。让她知道，有我在，不用怕。把这份爱和信念给予她，有爱就要表达，有情感就要表达，有情绪就去处理，对话很重要。所有人的问题都是需要自己解决的，我们只是给她提供一个安全的场。

第三是相信每个人自身都有强大的力量，同时知道怎么样对自身更好。我们要有慈悲之心，充分地给予来访者支持，由着她按自己的节奏来，这才是心理咨询最享受的时候。小的时候我崇拜济公"酒肉穿肠过，佛祖心中留"的那份洒脱，有泪就流下来，想笑就开心地笑，接受生命中的变化，这是咨询师的修为。

有人问我："砾匀老师，您做了15 000多个小时咨询案例，为什么没有受影响？"

我回答，有三个原因让我没有受到影响和干扰。

（1）咨询师的自我成长很重要，要把自己修成"干净的平面镜"。什么是干净的平面镜？即不会戴着有色眼镜看人，也不会像哈哈镜一样把自己的东西投射到他人身上，看任何人都是七扭八拐的。这点需要咨询师接受一定的被咨询和督导。

（2）定位。我只是一名专业的心理咨询师，不是来访者的父母，也不是神。我只能为来访者营造一个安全的环境，帮助来访者找出和运用他本有的能力去处理问题而已，所以只做自己能做的，不能再多。

（3）最重要的是咨询师的发心。这里也有三点需要注意：一是咨询是帮助来访者成长及解惑的，不是为了咨询师个人的私利；二是咨询师所做的一切都是为了来访者的未来发展服务，而不是拆东墙补西墙；三是咨询师所做的一切都要关注到来访者跟周围的人、事、物的共赢。

做到这三点，咨询师就不容易受到所谓的消极影响。

做咨询师要修一颗慈悲心。我非常喜欢"上善若水"这4个字，不拘泥于形式，更强调核心的部分。我始终坚信，每个人都有能力、有方法解决自身的问题。一定要充分地相信来访者，你才可以非常轻松地帮助一个人解决其心理困扰。

有时候来访者问你的问题，其实他们心中是有答案的，你问出答案之后，就给予他们充分的肯定。肯定他们这样做是对的，还要相信他们一定能找到恰当的方法，不给自己留任何的遗憾。

比如，在爱孩子这件事情上，家长一定会有很多种方法："什么对我家孩子会更好？我家孩子会不会喜欢？"即使会有一点担心，也要支持他们不断尝试，这样，家长的焦虑会越来越减少，也会越来越坚定。

有人问："为什么有的来访者知行不合一？"那是因为他的痛还没有到那个点上，没有情绪就没有行为。当他的疼痛超过阈值，他就是自己问题最好的解决者。

» 第三章　亲密关系经营技巧

亲密关系中的两个加法

好的婚姻关系，要符合两个加法。

第一个加法：1+1 > 2，这个指的是婚姻的结果。彼此可以把各自照顾好，结合起来对彼此更好。

第二个加法：0.5+0.5=1，这个指的是经营婚姻态度。男人、女人，从先天因素、原生家庭到后天经历都不一样，两个人能够走到一起，一定要有相交或互补的部分。走到一起之后，要学会让交集变得更大。比如，有共同的家庭规划，财产放在一起等。为了让交集变大，两个人都愿意打破原有的认知，做出改变和让步，再形成有利于小家庭发展的共有认知。

有这样一部分人，他们喜欢做老大，"圣母心"泛滥，一味地付出，让对方接受。但是，夫妻之间的付出和收取是要平衡的。如果有一方一直处在付出的状态，慢慢地对方会感到压抑或者被惯坏了，而自己也会有无尽的委屈和抱怨，好心没有好报，关系也被破坏了。

有很多女人，老公出轨后，她们会抱怨："我这么全心全意为这个家，我对你从来没有要求，你竟然背叛了我！"其实这些女人如此付出并不是没有要求，她们的要求是老公能够和她一样对家庭忠诚。当老公没有做到的时候，她们会抱怨："你看看你这个人，没有良心！"可见，在婚姻中，付出和收取的平衡很重要。

图 3-1 亲密关系是最能拨动心弦的强关系

女人撒娇、耍赖是手段，而不是常态。女人一定要学会以柔克刚，真正做到"至柔"就是"合一"，另外，一定要让男人在家里面多付出，让他有价值，他也需要有这份对家庭的担当。

有一个案例，夫妻俩曾是初中同学，高中时两个人确定了恋爱关系。女方是独生女，家境很好，男人是家里的老大，还有一个弟弟，家庭经济很紧张。男人很优秀、很懂事，女方父母非常喜欢，把他当儿子看待。从他们开始恋爱到研究生毕业，费用几乎都是女方家出的。两人婚后，女方父母把自己的生意转手出去，到小两口家帮他们带孩子。父母对女婿和女儿十分疼爱，舍不得让他们做任何家务，甚至当男人下班照顾孩子，孩子一哭闹，丈母娘就会抱过孩子说："你歇着吧，我来哄。"种种原因，让这个男人感觉在家里没有任何的价值感和存在感，自己就像个客人一样。后来，在孩子 3 岁多的时候，他出轨了。女方发现后，男人回归了家庭，但 4 个多月后男人坚持提出离婚，说出的理由是："没有我，你们什么都没有改变，但她没有我不行。"

女方实在想不通，自己和父母真心爱丈夫，对他那么好，为什么他竟然不识好歹，跟她离婚，孩子也不要了？她问我："老师，我们全家对他这么好，结果他竟然这么说，是不是我做错了？"是的，女方把什么都做了，这个男人在家里面没有位置、没有价值感、没有存在感，他会觉得这个家不是他的家。

所有事情都蕴含着阴阳平衡的智慧，刚健有为的主导性力量即为阳，阴柔的牵制性力量即为阴。阴需要阳的统帅引领，阳需要阴的韧性避免折断。我个人认为在婚姻家庭里面，也需要阴阳平衡。

当性格直爽豪放的丈夫很生气地回到家，妻子见状端上一杯水，劝一劝："别放在心上。"这样就能避免丈夫因为情绪不稳定，做出不理智的行为；而如果女人过于强势，男人被迫处于弱势，如果他也想找回强势地位，找回存在感，他就会跑出去找。对于女人来说，也是如此。有的女人出轨，是因为男人太阴柔了，感受不到阳刚之气就到外面去找了。有的男人出轨，是因为女人太刚强了，自己感受不到阴柔之美，就到外面去找了。

当有些人不断抱怨和指责自己的老公 / 老婆这不好那不好却不愿离婚，那说明另一半一定满足了他 / 她的核心需求，他 /

她最想要的那个东西一定被满足了，但他 / 她意识不到，只是盯着那些不满意的部分，让彼此过得很辛苦。其实大部分的家庭，阴阳一定是平衡的，否则这个家早没了。

只要细心觉察，阴阳平衡在很多地方都可以用得到，包括身体方面寒热的阴阳、心量方面正面和负面的阴阳等。你要在接纳自己负面情绪的同时，更好地开发自己的正面情绪。在不破坏它的平衡的原则下，改变它对你所产生的影响和效果，这就是心理学所做的事情。

比如，压力来的时候，身体会同时产生两种压力激素，一种叫肾上腺素，会损伤你的心脑血管系统；一种是催产素，又叫拥抱素，可以保护你的心脑血管系统免受伤害。压力到底是好还是不好，全然取决于你自己。

在你感受到压力的那一刻，血流加快，心跳加速，产生强烈的紧张感，如果这时你把这些反应定义为你的身体已经做好了达成目标的十足准备，血管就会恢复到正常状态，同时分泌的催产素不仅保护心脏不受伤害，还促使你愿意向他人求助，跟他人互助配合。

如果你觉得自己特别倒霉，压力会伤害你的身体健康。有这种想法，就会沉浸在对自己的伤害之中。压力对你造成的伤害不是来自压力本身，而是来自你认为压力有害健康。

由此我们可以看出，无论是外界的事情还是我们的身心，都存在阴阳平衡。只要我们静下心来，平时做好情绪和压力管理，就能处理好生活和工作中的各种事情。

图 3-2　亲密关系是一种互助和合作的关系

　　比如，我们的爱人、孩子，各有长处与短处，一个人在社会上能飞多高，取决于这个人的长处。因此，教育孩子应先扬长再补短，别老盯着孩子的缺点，应该先多夸，孩子开心了，心理承受能力强了，再来谈孩子的短处，这时有利于孩子接受你的观点和建议。

　　比如说，孩子语文成绩特别好，数学成绩一般，你不能老说："你怎么数学老不行？"你要让孩子在语文方面充分体会到成就感，然后带动孩子的成就感来补其短处。以这种方式取长补短，孩子就不会那么痛苦，效果还好。

　　在一个团队中也是如此。团队是一个圆，每个人都有长处与短处。只有你的长处足够长，别人才愿意用他的长处来补你的短处。你既然不能让自己成为一个完美的人，就尽可能地把你的长处发挥出来，让你有资格获取其他资源，安全地避短。

做你自己最擅长的、最开心的事，然后用自己挣的钱去交换自己做不到的东西。其实，人类的社会就是这样运行的，要想让你的人生更圆满，让你的生活品质更高，就必须把你的长处发挥到极致，再跟他人互换彼此的需要。

我总说，我们甚至没有自卑的资格和权利，因为我们至少有一件事可以做好，比如吃饭总能吃好吧？知道什么好吃、什么不好吃，是不是这样子？自信就是你能够确定把一件事情做好。不用管事情大小，你只要能把事情做好，就值得自信。

每个人都有自己的强项，在有需要的时候和其他人进行交换，换来自己需要的、能够给你补短的部分。我们就是在这样不断交换的过程中，滋养自己的同时获得成就感，和其他事物和谐共处，让每个人都可以过得更轻松、更成功、更幸福，让各自的人生变得更圆满。

心理学的技巧帮助你更好地达成目标，心理学是激发潜能的工具，开发你的心理能量，让你更好地了解自己、了解社会，采取共赢的方法取得成功。你要修出自己的心量来，修复和原生家庭的关系，修复跟自己的关系，然后打造跟他人、跟这个世界的共赢的关系。

亲密关系是疗愈原生家庭创伤的最佳途径，只要能够经营好亲密关系，你处理其他关系都不成问题。

分析和解决亲密关系问题的线索

处理亲密关系问题可以从 4 个方面考虑。

一是家庭生命周期 8 阶段理论。

二是影响人与人联结三要素。

三是影响婚恋关系的因素。

四是亲密关系中的价值体现。

其中线索一和线索二已在"一个中心，三个基本点"中有所阐述，下面重点说明线索三和线索四。

一、影响婚恋关系的因素

这是分析和解决亲密关系问题的第三个线索，包括父母婚姻、依恋模式、经营技巧、性格特质、婚恋创伤、现实问题这 6 个方面。

1. 父母婚姻

你的婚姻关系，会投射出你父母的相处模式。

父母的婚姻如果让你受到过创伤，你在婚姻中往往打不开心扉，呈现出不能信任他人的状态，和另一半生活时会有预防和患得患失的心理。

2. 依恋模式

想象一下，你的另一半主动跟你说："再过两天就是你的生日，我想给你一个惊喜！"你会不会觉得很开心，并期待这一天的到来？但如果到了你生日当天的晚上，惊喜还没来，他也没有对此有任何交代，你会怎么做？下面有三种选择，你凭着自己的直觉选，必须选一个，也只能选一个。

第一种，安全的依恋模式。

主动问伴侣惊喜是什么，伴侣说今天一忙就忘记了。你能理解他，没有太强的负面情绪，会要求他第二天补给你。你会觉得，我值得爱，没买礼物一定是有原因的，不会从负面的角度去看问题。如果夫妻之间沟通时不带负面情绪，时时有爱在流动，说明夫妻二人是安全的依恋模式。

图 3-3　亲密关系让你同时体会到爱与被爱

第二种，焦虑的依恋模式。

发现没有惊喜，伴侣也没有给个交代时，你会认为你在他心里不重要，所以有很多的负面情绪，但你不会直接说，可能会通过发脾气、给脸色让他知道你不开心。当他问你怎么了，你会反问他："你说我怎么了？你还不知道怎么了？"

第三种，回避的依恋模式。

这是很自伤的一种模式。明明心里很难受，认为通过件事又说明他并没有把你放在心上，并没有那么爱你，他就是说说而已。你会偷偷流眼泪，但不会直接说出来。出现这种模式，主要是你内心不相信自己会被爱，觉得自己是一个不值得被爱的、没有价值的人。他可能是真的忘了这件事，而你是选择性忘记了这件事。

第四种，超脱的依恋模式。

伴侣给不给你惊喜你都无所谓，甚至会觉得麻烦。因为他给你，下次你还得给他。他忘记了，你甚至感觉轻松，根本就不会再提起这个话题。

有这样一个故事。两个人结婚后，要去美国度 15 天的蜜月。丈夫对妻子说："咱俩到美国机场后，你玩你的，我玩我的，15天之后再在这个机场会面。"妻子后来说："我一直感觉我先生不需要我。他喜欢一个人独处和做事，我想跟他腻歪，他就说要打游戏；走路想牵个手，他说各走各的路。我真的怀疑他到底需不需要我。"超脱依恋模式的人，不喜欢跟他人太亲近，如果选择走进婚姻，不做调整就会伤害到另一半。

不同的依恋模式会影响伴侣之间的相处模式。焦虑的依恋模式"作"、回避的依恋模式"忍"、超脱的依恋模式"冷"，只有安全的依恋模式才能让爱正常流动，遇到矛盾积极解决。

3. 经营技巧

你会表达爱吗？经营亲密关系，就是去表达爱。比如，你看到爱人渴了，递上水的时候却说："你怎么都不知道自己喝点水？"这种表达方式只会让好事变坏事。对方气得回答："我就不喝，我就要渴死我自己！"本来是爱的表达，换来的却是一场争吵。

有一对夫妻，妻子是上海姑娘，丈夫是东北小伙。一次两个人逛街，小姑娘不小心摔倒了。街上人很多，她尴尬不已，向老公求助，希望老公快帮忙把她扶起来，没想到体型健硕的老公一把抓住她的衣服将她拽起来，同时恶狠狠地说道："你走路都不小心，怎么不摔死你呢！"本来摔倒了还没几个人看见，老公吼了一声之后，引来很多人侧目。妻子觉得很受伤，开始怀疑老公到底爱不爱自己。咨询时，看着泪眼婆娑的妻子，我说："这是你家这个北方男人的一种爱的表达方式。其实他很心疼你，希望你走路小心一些，就不会摔倒了，但他有话不会好好说，所以让你难受，也让你怀疑他对你的爱。你若是因此哭了，他可能会说是为你着急，自己说的是气话，不是真的希望你摔死。"

妻子点头说："是的是的，他就是这么说的。"

有爱而不会表达，反而伤害了伴侣，就是不会经营亲密关系。

还有一种叫"狗撵兔"的相处方式，就是遇到事了，女人有情绪就想找男人说明白，但男人看到情绪满满的女人却选择回避。你越追问我越不理你。比如，两个人逛街，妻子想牵手。

老公："那么多人，牵什么手！"

妻子："你不牵我的手，说明你不爱我。陌生人都比我在你心里重要！"

老公："你怎么这么不可理喻！"

然后，老公就不再说话了，冷着脸直接走掉了，有的甚至还给妻子一个白眼，让妻子自己体会。狗撵兔子到处跑，如果总是抓不住，甚至还受伤，当女人不撵的时候，心也就寒了。

婚姻需要经营，技巧并不是天生就会，而是后天的用心习得。

4. 性格特质

在做夫妻咨询的时候，有的男人在外面和别人沟通都特别顺畅，回到家却从来没和妻子说过"我爱你"，也没有叫过一些亲密的称呼。妻子认为，只要会说话，说句"我爱你"似乎并不是件难事，所以不能理解丈夫，其实这与对方的性格特质有关。

性格分内向、外向，呈现为喜不喜欢表达、喜不喜欢跟他人亲密接触、说话感性还是理性等。

影响婚姻的直接因素不是夫妻双方的性格，而是彼此愿不愿看到对方的优点，遇到问题是否积极改变和解决。

5. 婚恋创伤

不少人在经历了婚恋创伤之后，把婚姻看作传宗接代的手段，完成对父母的交代。当婚姻中不再有爱的表达，对婚姻关系会造成很大的不良影响。

有一个案例，夫妻两人是大学同学，已经40来岁了。有一天丈夫突然提出离婚，理由是想过属于他自己的生活，不想再伺候妻子了，也不想再压抑自己小心翼翼地过日子。后来了解到，妻子在跟丈夫认识前有过一段多年的刻骨铭心的恋情，后来因为身处异地而被抛弃。受到巨大情感创伤的她立誓："我再找的男友必须对我好，而且不需要我的回报。"后来遇到了现在的丈夫，只一心对她好，从来没有对她提过要求，但丈夫对她的爱和包容也是要回报的，当他看到自己怎么做也捂不热妻子这颗心，就彻底心寒了。万般无奈下，他提出离婚。妻子这才回想起，丈夫平日里对她无微不至，而她却一直沉在过去的创伤里视而不见，当作理所应当。被丈夫捧在手心的她，感觉一下子被重重地摔到了地上，她现在悔不当初，但老公离婚的态度已经很坚决。

我用了整整两个月的时间陪伴她走出离婚的伤痛，运用角色扮演、换位思考等方式进行分析，使她渐渐对婚姻有了新的思考。

经历了婚恋创伤后，一般我不建议很快找下一位，因为如果你没有处理好这个创伤，在下一段感情中你还会付出代价。

6. 现实问题

现实的因素包括很多，有经济原因，有孩子原因，有父母原因，有自身的原因等。这些现实问题会导致各种婚姻问题。

很多姐妹面对丈夫出轨时，因为许多现实问题，没有办法正确处理，有的就委屈自己凑合着过。

在处理婚姻咨询时，我会送一句话给那些因为现实原因无法离开婚姻的姐妹："我以最好的自己在未来等你。"意思是如果想要这段婚姻，就先活出最好的自己，而不是"如果他对我好，我就会怎么样""如果他回归了，我就会怎么样对他"。这些想法都是把自己的命运拴在对方身上，总活在对抗和患得患失之中。如果我首先活出最好的自己，我便有了选择的权利，同时也会获得自己想要的婚姻（见图 3-4）。

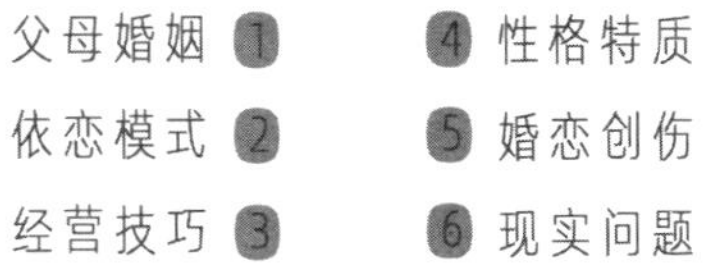

父母婚姻 **1**　　**4** 性格特质

依恋模式 **2**　　**5** 婚恋创伤

经营技巧 **3**　　**6** 现实问题

图 3-4　影响婚恋关系的 6 方面因素

概括而言，亲密关系是所有原生家庭心理问题的最佳疗愈途径，涉及我们的依恋模式、跟父母的关系、跟自己的关系、跟他人的关系。如果一个人愿意主动学习经营亲密关系，将会快速地自我成长。

二、亲密关系中的价值体现

这是分析和解决亲密关系问题的第四个线索。

亲密关系中的价值，主要体现在经济价值和情绪价值上。经济价值是指亲密关系的工具性，就是它能给我们带来哪些实际价值，比如，丈夫在外面工作赚钱，提供的就是经济价值；老婆在家做家务、照顾公婆、养育孩子，也是提供的经济价值。这是亲密关系中的基础保障。

然而只有经济价值的关系是不稳定的，很多两地分居的家庭离婚率特别高，是因为缺少彼此提供的情绪价值。情绪价值是指亲密关系中的表达性，要把对彼此的爱表达出来，相互关心和支持。比如，有很多男士，只管给家里赚钱，觉得只要给钱就够了，完全忽略了妻子的情感需要，没有提供情绪价值，而导致婚姻关系出现问题。

若双方能同时提供经济价值和情绪价值，亲密关系肯定是比较稳固的。如果只提供其中一种价值，要看双方是否认可和接受，在双方都认可和接纳的情况下，也可以保持较好的亲密关系。

亲密关系模型：找对象看 5 种关系

一、父母关系

这里指对象父母之间的关系，如果父母关系好，说明他有一个温暖的家庭。如果父母关系不好，你要关注对象对父母关系的态度，如果他觉得这是父母之间的事，是他们的相处模式，说明他没受什么影响；如果对象对此事带着怨恨，你就要帮助他树立成长和改变的意识并付诸行动；如果他不想改变，仍旧带着怨恨，你们未来相处会出现较多的冲突。

二、亲子关系

这里指父母与对象本人的关系，如果他们关系不好，对象有怨恨不能化解，你就要帮助他树立成长和改变的意识并付诸行动，以消除他内心的怨恨，跟父母和解。如果对方是接纳的态度，会说："没事，那时候爸妈对我不好，但当时确实条件有限，他们的认知也有限，他们也是尽力了。无论怎样，他们给了我生命，我就要怀着感恩之心。以后大不了我们住得离他们远一点，过好咱们的日子，该尽孝的我尽孝。"甚至他会说："我不赞同他们的做法，我不会这样对待对下一代。"这样的人是值得托付终身的。

还有一种是"妈宝"型的亲子关系。

"咱们明年要孩子吧！"

"你别着急，我先问问我妈妈去。"

"咱俩生孩子跟你妈妈有什么关系啊！"

这种"妈宝男"即使结婚了，也还当自己是妈妈的宝贝，还没有成为一个独立的男人。结婚娶妻，是他和妈妈一起娶的，他只是受妈妈操控的木偶，是他的妈妈指挥着他娶了你。而"妈宝"的妈妈，会用各种方法影响你们的小家庭，如果你处理不好，要么伤你们夫妻之情，要么你在家里面永远坐不上女主人的位置。

　　我讲一个典型的"妈宝"案例。小丽和男友谈了一年多，彼此都很满意，但当两人到谈婚论嫁的地步时，却不了了之。因为男方一直不给小丽肯定的答复，总是一推再推。小丽后来回想，他们两人谈了一年多，她只见过男友妈妈一次，还是在饭店，从来没有去过男友家。小丽跟男友是异地恋，每次小丽到男友这边看望男友，男友都是先把妈妈哄睡觉了才来酒店陪她。刚开始时，小丽还觉得没有什么，因为男友父亲去世早，他如此照顾母亲，小丽还很赞赏，但后来发现男友什么都听妈妈的，根本没有婚姻自主权。他妈妈会利用各种手段控制他。如果对方确实是个"妈宝"，你用尽办法也改变不了他的话，可以选择离开，不要想着做拯救者，你救不了他。

　　我们还要学会区分"假妈宝男"和"真妈宝男"。因为很多姐妹咨询婚姻问题时，总喜欢说丈夫是"妈宝"，下面有个案例，大家区分一下。

　　有一天，一个姐妹给我打电话，很生气地说她好像嫁了一个"妈宝"。我让她给我举例说明，她说："过年回去，他就是妈妈的跟屁虫，他妈妈走到哪儿，他就跟到哪儿。妈妈说什么他都答应，从来不拒绝，他都顾不上理我了。我觉得他就是'妈宝男'。"我问她："答应你婆婆的事情，他都做到了吗？他是不是没有自己的主意，你婆婆说什么他背着你婆婆也是这么说的？"她想了一想说："这倒不是。我看我婆婆说什么他都高兴地答应着，但他做的时候有选择。他认为对的他就做，他觉得不对的他也没有做。"我回应她："那你老公是个智商、情商双高的人。你想，过年就回去一次，对妈妈百依百顺、讨父母开心是正常的。而且妈妈说得对，他就做，妈妈说得不对，他就不做，更说明他心智成熟，并不是'妈宝'。"

无论亲子关系好不好，只要对象本人愿意改变，形成自己独立的人格，对父母有一份感恩之心，选这样的人做伴侣一般不会有大错。

三、亲朋关系

找对象还要看对象家人跟亲戚、好友、邻居的关系，是友好还是疏离？是和谐还是对立？这些影响着你以后能否真正融入他们家里，以及他们家能否真正把你当成自家人。

有一个这样的案例供大家参考。来访者是一位姐妹，恋爱时男友告诉她，周围邻居和亲戚对他爸妈都不好，他们在村里是受欺负的，所以他跟他姐姐学习都很努力，现在两人考上了大学，再也没有人敢小看他们。当时这位姐妹很同情男友家人，对男友的父母和姐姐都很好。她结婚后才发现，无论自己如何努力，都无法融进婆家。公婆遇到任何事情都会向着丈夫，而且她发现丈夫的姐夫也融不进去，更重要的是，丈夫在遇到她跟公婆有矛盾时，会非常坚定地站到公婆一边。这位姐妹的性格很要强，后来就选择了离婚。

当然这里有一个变量，就是对象是否能够从原生家庭里独立出来，客观地看待此事，同时他跟他人相处没有障碍。

四、社会关系

跟社会的关系，就是听对象谈他对社会上一些事情的看法，对工作单位一些人、事、物的看法。对他人的看法，是正能量，还是负能量？如果这个人总评论社会上不好的现象，处处偏激或者只看黑暗面，而你又是个正能量的人，那你们一定会矛盾重重。从对象跟社会的关系层面，能反映出对方看待事物的角度，甚至他的三观。

这里唯一的变量是，对方愿不愿意学习和改变。

五、事业关系

最后，要看对方跟事业的关系。如果你事业心较强，你想要一份互相成就的感情，那你适合找事业心强的伴侣。如果你想找的是互补型，就去找能帮你操持家务，能理解你、配合你的伴侣。

咨询中很多姐妹抱怨丈夫不上进、事业心不强，每天到家后就是躺着看手机，其实这点在恋爱时就能避免的。

以上5个关系都处理好是很难的，这时我们还要关注一个变量：对方有没有改变的意愿，以及有没有成长的意识和行动结果（见图3-5）。

图3-5　找对象看5个关系

你可以帮助你所爱的人成长，但这并不是你的义务，因为付出和收取始终要平衡。当然，这一切的前提是你自己先成长，你成为一个"1"，才能够找到另一个"1"。

总结下来，我建议谈恋爱谈到一定程度，感情还没到特别深的时候，应先到对方家里看看。第一感觉很重要，自己能不能容得进去，如果不行就撤，千万别凑合。

上述提到的 5 种关系，是在觉得这个人差不多了的时候再考虑的事情。还是那句话，感性的事情要理性做，才能减少一些遗憾。

亲密关系模型：婚恋测试 5 要素

从恋爱走到婚姻，你们的感情是层层深入还是摇摇欲坠呢？来测一测。

一、亲密感

亲密感包括了两个人相互的关心及爱的表达。婚姻关系建立在情感的基础上，这是第一要素。亲密感呈现出的是两个人的依恋模式。如果亲密感持续降低，婚姻中会出现出轨等问题。

二、承　诺

承诺有两个。

承诺一，指对婚姻关系的承诺。婚姻，除了感情之外，需要两个人共同承担责任，抵御诱惑。

电视剧《蜗居》里有一句话，我觉得说得对："真正爱一个人，是给他名分。"

咨询中会遇到这样的案例，一些未婚的姐妹说："我找到了真爱，可是他已经结婚了，我怎么办？"一般我不会给她讲道理，我会问："如果你们这么相爱，你认定他是你的真爱，一年之后你希望你们的关系和相处模式是怎样的？"其实大部分女人爱上一个男人后，时间长了，就会渴望完全拥有这个男人，希望两人能结婚。如果这个男人不能给你名分，你就要冷静下来，及时撤退。再者，类似的恋情往往无疾而终，因为婚恋需要忠诚而不是背叛。很多人选择出轨而不是离婚，大多只是生理和心理需求而已，跟婚姻无关。

承诺二，指遇到问题时两人要积极应对和解决，而不是抱怨、指责或者离婚。因为吵架离婚的家庭数不胜数，其根本原因就是两人没有承诺积极解决问题。有的人会说自己解决不了，如果你觉得婚姻比金钱重要，你就求助于专业人士或者主动学习。如果一出现问题，谁也不主动解决、任其发展，最后会出现大问题。

三、性　观

婚姻中有个小"三观"，分别是性观、经济观和家庭观。

性是婚姻中最隐私的部分，对婚姻及两人的亲密感影响却很大。性观就是两个人对于性的看法、是否得到充分的满足、性的频率及质量是怎样的等一系列观点。性需要双方步调一致，不管男人和女人，多数情况下，如果在索爱的时候被拒绝，都会备受打击。因为大家往往会将对方的拒绝行为，视为两个人之间的感情出现问题，认为对方不再爱自己了，因而产生误会。

近年来，女性因为性不和谐提出离婚的比例与日俱增，这从一个侧面反映出女性对于自己生理需求的接纳，也表明了社会的进步，让我们看到了性的深层联结的重要性。

图 3-6　亲密关系就是对彼此完全的接纳

　　性可以分泌催产素，也叫拥抱素。谈恋爱及身体接触等方式都会分泌催产素，而催产素可以保护心脏免受压力的不良影响，同时增强夫妻之间的亲密感。反之，如果性方面不和谐，会影响夫妻之间的深层联结及亲密度。如果夫妻两人都不好意思谈性，不知如何让性生活更和谐，可以进行专业的咨询，不要难为情。

　　在咨询中或者生活中，我经常会被问道："在婚姻关系中，性真的这么有必要？"我总说："是的。只有性能区分你俩是伴侣还是闺蜜。而且，婚姻中的性让两个人真正融合，成为完整的人，成为亲密爱人。性的不和谐和缺失，也是婚姻出现问题的一个重要原因！"

　　下面大家仔细阅读海灵格关于婚姻中性爱的话语，体会一下内心有怎样的感受。

　　性爱却是人类最伟大的行动。人类没有其他任何行为比性爱更能够达到生命的和谐与圆满，也没有其他任何行为比性爱需要担负起更大的责任，没有其他任何行为可以在过程中带来深刻的喜悦，在结束时忍受如此甜蜜的痛苦。这是人类最重要的行为，它比其他行为要更加冒险、更加挑战，使我们与另一个个体达到如此深的辉映和了解，并带来智慧与精神更高的层次。当一个男人和女人做爱，结果将会是严肃的，而人类其他行为都像是在为这个严肃的结果做准备，也许是成为这个结果的补给或是替代。要完成性爱，我们必须保持在最谦卑的状态。我们从未在任何时刻让自己处在如此开放而且毫无保护的位子上，我们暴露自己并且处于一种最脆弱易伤的状态。所以，我们从未像男人与女人在爱中交会那样如此深刻地放下我们的困窘与防备，敞开我们自己。在这样的行动中，我们展现了最私密的自己并且将自己交付给对方。①

这段话表明：

（1）性爱是人类最伟大的行动。

（2）性爱能让一个人达到生命的和谐与圆满。

（3）性爱很美。

（4）性爱是严肃的，要承担责任的。

（5）美好的性爱需要谦卑。

（6）性爱让我们有羞耻感和不安全感，最易让我们受伤。

（7）性爱是伴侣之间最深的连接。

......

---

① 伯特·海灵格.在爱中升华 [M].林逸柔，曾立芳，廖文玉，译.北京：世界图书出版公司，2011：63.

性爱这么重要，这么丰富，也是婚姻出现问题的一个重要原因。在咨询案例中，不乏夫妻之间羞于谈性，对性有很多的疑惑和羞耻感，性技巧也很匮乏，导致性缺失或者性冷淡。

在婚姻中，妻子性冷淡占多数，究其原因，不是没有性，而是妻子在性生活中不能得到身心的满足，即要么性生活没有爱的前戏，妻子还没有准备好就开始了，造成妻子的不适感；要么在性的过程中，丈夫没有照顾妻子的感受，只是满足自己的需求，结束后没有温存，没有沟通，好像刚才什么都没有发生。

那么如何提升性生活质量，享受性爱？

下面我说一个跟身体的连接技巧和夫妻间的对话公式。

第一，和自己的身体建立连接，让我们的身体感觉到舒服，感觉到放松。

我们要先和自己的身体建立连接，和自己的身体能量建立连接。当我们可以感受到自己身体的能量，开始体会到更多的感觉，才会有更多的能量在每一次性的邂逅中表现出来。如果我们非常紧张，非常有压力，无法感受自己的身体，就没有办法在性爱中感受到时光的美妙。

练习：保持呼吸节奏。

这个引导静心的小练习，可以帮助你回到你的身体，感觉自己内在的空间，并且调整你的呼吸节奏。

现在，请你安静和舒服地坐好。

然后，请你想象自己身边是一个温柔和安全的空间，被善良的能量场域包围。用片刻时间，感受你的身体被这种美好的接纳和友善的能量包围着，感觉你的双脚放在地板上，和大地连接，感觉你的双脚和你的大腿给予你非常美好的稳定性。

给予自己一个中正的空间，想象你的双脚和双腿直线般地插到大地中。

这是一个安全的空间，你感到安全，不需要一直担心别人是否接受、喜爱或者看见你。你给予自己这份安全感，而且你可以在双脚和双腿上感受到这份安全感。

当你开始感受到这种安全感时，你有一种平静感。在这种平静感中，你开始安静地专注于你的呼吸，感受你的呼吸。

这一吸一呼在顺畅又轻松的节奏中流淌。你觉知到自己的吸气，自己的腹部被打开并且扩张；你觉知到自己的呼气，感受到那是多么得放松。

现在你可以将这份觉知带到那些亲密的时刻里，享受那份亲密的接触，感受身体的放松和愉悦，看着你伴侣的眼睛，让你进入更深层次的喜悦状态。

图 3-7　亲密关系需要"拥抱素"

你可以跟随呼吸的节奏流动，进入爱的能量的相互交流中。

请你保持呼吸的节奏，觉察你的吸气，觉察你的呼气，观察当你开始将这份觉知带到呼吸上时，你开始越来越放松。

现在，允许你自己慢慢地回到当下。再做一次深呼吸，慢慢地睁开眼睛，带着放松的、平静的内在空间，轻轻地回到当下。

第二，夫妻间沟通公式。

想要双方都享受到高质量的性爱，夫妻之间就需要多沟通，让对方知道自己的需求和喜好，以及分享性爱的美好感觉。真诚、积极的沟通，又会激发双方对性爱的渴望。

但有一点需要记住：交流时一定要先表达好的一面，再提出你的要求。

（1）"当你……的时候，我真的很喜欢。"

（2）"当你……的时候，我感觉好极了。"

（3）"我想要更多的……"

（4）"如果你这样做，我感觉……（不好的感觉）"

（5）"如果你这样做……我会感觉更好。"

四、经济观

经济观指的是家庭中财产的规划、管理与分配形式。我们国家并没有 AA 制的传统，有句老话这样说："咱俩好得不分你我。"什么不分你我啊？是钱财不分你我。两个人组成家庭，应该共同管理双方的财务，这才像一家人。如果两人分得很清，钱分清了，情也就淡了。

五、家庭观

家庭观包括两人对家庭规划、家庭分工以及对待双方原生家庭的态度及相处关系的看法。

首先是家庭规划。来自不同家庭背景和成长环境的两个人，要组建一个家庭，必须通过婚姻承诺、共同的财产经营、孩子、责任等，使得双方的交集越来越多，联结越来越紧密。

其次是家庭分工。这里的分工并不是按男女分工，而是按照两个人的工作性质、兴趣和能力进行分工。拿我自己举例，在女儿三岁前，我主要居家照顾女儿，家务活及照顾女儿以我为主。后来自己创业、做企业培训，就必须长期、高频率地出差，无法照顾家和女儿。而我先生在一家商会做财务工作，相对来说出差少，时间比较稳定。为了支持我的事业，他承担起了大部分的家庭事务，包括照顾女儿。对于我来说，一方面很想追求自我实现，另一方面也希望家里过得更好。因此，我谨记的一点就是：付出与收取的平衡，家里的财政大权就都交由我先生掌管。因为我尊重及感恩他的付出，他也会心疼我的付出，所以当我把钱交给他时，他总是说："你早出晚归不容易，挣钱自己留着花，交给我干吗？"我也会笑笑说："我就是为了让我们的家过得更好，你又工作又照顾家辛苦啦！"

还有一个相反的案例。夫妻二人做酒行生意，妻子风风火火，十分能干，店里的生意以她为主，但她心里很不舒服，因为她原生家庭给她的观念是，男人要主外挣钱，女人要照顾家，不要为挣钱奔波，所以怀孕后，她就趁机把酒行交给丈夫管理，自己大撒手。不料，丈夫独自经营酒行，因无人帮衬，又不善于人际交往，导致生意做得很不理想。两年后，丈夫陷入了抑郁状态。经过几次咨询，妻子才从内心里接受男人也可以主内、家庭分工不能按男女分的观念。后来她重回酒行，而丈夫在家负责照顾孩子并协助打理酒行。现在两人各得其所，家庭关系很和谐。

最后是跟原生家庭的关系。即我们的小家跟原生家庭的关系，跟双方的爸爸妈妈是什么关系、跟兄弟姐妹怎么相处，都属于家庭观的范畴。

现在很多人的家庭观不统一，往往过年的时候是离婚的高峰期，夫妻俩会因为过年回谁家的问题，吵得不可开交。

"凭什么去你们家过年？"

"为什么你们家优先？"

"只准州官放火，不准百姓点灯？"

"怎么到你家就行，到我家就不行？"

这都是婚姻中比较狭隘的表现，却又是很真实、很常见的情绪表达。

越来越多的人走进婚姻，主要看重的是亲密感和性这两个方面，但是这种相对激情的关系很容易消逝。如果我们能够在亲密感和性的基础之上，有经济和家庭作为联结和承诺，可以帮助两个人度过种种婚姻危机，相伴到老。

大家在这里思考一个问题：如果男/女朋友第一次去你家，但你父母没有看上，你要不要对他/她说实话？

我个人建议最好的处理方法分两步：第一步是先做自己父母的工作，让男/女朋友来家的几天时间先得到尊重，因为这是一个家庭最基本的教养。如果连一天两天都忍不了，就给人家脸色看，这样的家庭不进也罢。第二步是当事人冷静下来想清楚，这个男/女朋友自己还要不要？如果受父母影响也觉得不合适，就可以直接提出分手。如果认定就是自己想要的那个人，那就要真心对他/她好，父母的话永远不要说出来，减少父母跟他/她之间的互动就好。

为什么要这样做呢？因为不管男生还是女生，第一次进入对方家庭的时候，往往都是"低着头"的。新人渴望得到对方家人的认可，希望能够融入对方家庭，所以第一次登门的人往往要给对方所有家庭成员买一份礼物，带点东西，上到长辈、下到小朋友，都尽可能地考虑周全。如果对方家人接纳、尊重新进来的人，彼此之间就留下了好印象，有利于以后的相处。而如果对新人不满意，做出一些不尊重的行为，无论以后两人能否组成家庭，矛盾的种子都已经种下了。

所以，如果家人对你的朋友不满意，永远不要让对方知道。如果你想继续和对方在一起，两个人就好好处；如果不想在一起了，就分开。千万不要又想继续相处，又说出家人对他/她不满意的话，这就是在"拉仇恨"，是很不明智的行为。一旦说出了这些拉仇恨的话，"雷"就已经埋下了，以后总有"暴雷"的时候。

另外，如果你家人对你朋友不满意，想干涉你们，你要坚决告诉家人："我觉得我们可以一直走下去，相互托付终身，所以希望你们支持和祝福我们。"即使家人反对，你也要坚持说："你们还不了解他/她，他/她是很优秀的人，我已经决定了。"多为对方说好话，无论以后结果怎样，都是最智慧的做法（见图3-8）。

图 3-8 从双方的 5 个层面对婚姻进行测评

亲密关系模型：冲突解决方式

一段恋情、一段婚姻能否长久，生活能否过得好，怎样处理冲突是一个很关键的因素。因为两个大活人，不同的原生家庭，不同的经历，又要遇到很多不可控的事情，如果出现冲突而不会解决，就会破坏关系。

一、只哄，不解决问题

两个人只要一发生矛盾或者冲突，一方就赶紧采取哄的方式，把事情放在一边。哄好了对方这事就算过去了。只哄，并没有解决事情，会导致事情积压，也会导致被哄者心里压抑愤怒，哄人者心里慢慢积累怨恨，不利于情感的发展。这种情况在恋人中时有发生。

二、只争对错，不顾感情

在很多的婚姻咨询案例里，出现问题的婚姻，总有一方只喜欢讲道理，而不顾忌对方的感受和双方的感情。比如，"你说的明明就不对，真正的事实就是这样，我为什么要让着你！""我说的有错吗，你哭什么哭？"不管对方多么难受，也不管这个事情到底是不是原则性的问题，统统要争出个对错来。

三、只争输赢，不惜暴力

一方或者双方为了争面子，没有谦让和包容，就要争出个输赢来。为了一时的输赢，不惜使用语言暴力，甚至实施身体的暴力。

四、冷暴力

冷暴力是一种特殊形式的心理和精神上的侵害行为，它通过冷淡、轻视、放任、疏远和漠不关心等方式，对他人造成精神上和心理上的伤害。冷暴力的受害者可能会经历抑郁、焦虑、自卑等心理问题，甚至可能导致自杀意念和行为。

所以，在咨询的案例中，有很多遭遇冷暴力的人都有过要发狂的冲动，恨不得跟对方打一架都觉得比被冷暴力要痛快些！

讲一个案例，让大家体会一下冷暴力的伤害力有多大。

来访者是一对夫妻，他们两人是自由恋爱结婚的，在孩子1岁多时，妻子出现了严重的抑郁症状，一边吃药，一边进行心理咨询。

两口子在咨询时，丈夫脸上挂着嘲笑、不屑的表情以一种轻描淡写的语气描述着妻子在家里摔东西、大喊大叫、歇斯底里的场景，而且撩起自己的衣服让我看他肚皮上和背上被妻子抓伤的印迹，时不时还用一种嘲弄的眼神瞟一眼妻子。而妻子已经是满脸怒气，恶狠狠地看着丈夫听他"告状"，有一种忍不住想冲上去打人的冲动。

轮到妻子说话时，妻子还未开口，就已经泣不成声，妻子说："孩子生下来后，我婆婆和我妈都过来帮我们照顾孩子。我孩子属于那种难带的孩子，家里总是鸡飞狗跳、不能安宁的状态。我身心疲惫，心情有时就很糟糕，就找我老公倾诉和抱怨。刚开始他还会哄我，但时间长了，他便不再搭理我，视我为空气。晚上给孩子喂奶我睡不好，白天还要上班，我多希望我老公能体谅我，多给些温存和鼓励。不知道他是嫌我生孩子后身材走了样，每天没有时间打扮自己还是嫌弃我情绪不稳定，负面情绪多，他就是不跟我说话，不跟我沟通。当我看到他冷漠的脸，看都不看我一眼时，我就会发狂，我只能通过摔东西来发泄心里的压抑。我妈和我婆婆不能理解我这份痛苦，还觉得就是我在闹事。晚上他也不跟我有身体接触，我想碰他时，他会躲开，我气不过就打他抓他，他不还手，但第二天会让我妈和我婆婆看伤口。我现在觉得胸口要炸开，喘不过气来。我真觉得活着怎么这么难，真想一死了之，但又放不下孩子。"妻子说完不由大声痛哭，但丈夫竟然无动于衷，还以无奈的语气对我说："老师，她就这样！"

当你看到这个场景时，你有什么感觉？如果你是这位妻子，你有怎样的感受？这就是冷暴力的伤害。

五、先哄，后解决问题

遇到矛盾或者冲突，一方会先处理自己和对方的情绪，再解决问题。

原则就是，谁情绪更稳定谁先哄另一方。先处理情绪，之后再解决问题。其实在谈恋爱的时候，你就能够判断出对方的冲突解决机制。

图 3-9　亲密关系在冲突中成长和加深

　　以上 5 种面对冲突的解决方式，只有"先哄，后解决问题"才是最佳的方式。这样既安抚了情绪，又解决了问题，其他 4 种方式要不就是没解决问题，要不就是伤了彼此的感情。

　　当然，还是要参考唯一变量：双方愿不愿意学习改变。可能对方原来认知不够，以前没接触过，现在知道了并且真诚地愿意改变，这样就还可以继续交往。如果不愿意改变，坚持要争对错，这种人只适合自己和自己过，你在看清后趁早溜之大吉。

　　两个人在一起，是需要磨合的。如果两人之间有 100 个问题需要解决，靠忍、靠拖是没有任何意义的，问题还在那里，不增不减，所以只有两人都愿意积极解决，两人的关系才能越来越好（见图 3-10）。

② 只争对错 不顾感情 **④ 冷暴力**

① 只哄 **③ 只争输赢 不惜暴力** **⑤ 先哄 后解决问题**

图 3-10　冲突解决的 5 种方式

亲密关系模型：婚姻 5 大致命伤

现在咱们做一个关系测试，看看你们之间是怎样的相处模式。

两人之间有 4 种主要的相处模式：

第一种，无论遇到什么事情，他 / 她坚持要你听他 / 她，他 / 她觉得就自己聪明，自己的观点和方法就是最正确的。

第二种，无论遇到什么事，他 / 她只会指责和抱怨，觉得什么都应该是你来做、你负责。

第三种，遇到任何事情，两个人都是共同商量，一起解决，相互支持和肯定。

第四种，两人都很独立，几乎没有交集，你做你的事，我做我的事。

一、坚持我是对的

第一种就是有一方坚持自己是对的，忘记了两人的结合需要相互包容和改变。遇到这种人，大家跟他在一起会觉得非常得压抑。坚持我是对的人，就相当于是强势的父母，把对方当成孩子，什么都要听我的。而婚姻是找伴侣，不是找父母，所以压抑的一方忍受不了时就会想着离开这段关系。

二、托付心态

第二种属于托付心态。托付心态属于小孩子心态。"嫁汉，嫁汉，穿衣吃饭。"我嫁给你了，你就要管我的衣食住行。有些男人看到家里乱了会说："家里这么脏乱了，你怎么不收拾？"这也叫托付心态，就是我不干，让你干。反正是不好的地方，就是你没有做到位，他就会抱怨。这种人想要找的是一个爸爸或者妈妈，而不是爱人。另一方感觉太累了，可能就会想要离开。

三、双方不交流内心的感受和想法

第三种就是这种状态。本来是十指相扣的两个人，慢慢地就不拉手了，变成了背靠背，最后直至形同陌路，搭伴过日子。但每一个人都期望温情的滋养，如果这时外面一旦有人能满足他／她情感的需求，他／她就会可能会想要离开。

四、忍

来咨询的一个来访者描述，她和丈夫结婚 15 年了，孩子上初二。一天，她在给孩子辅导作业的时候，没控制好情绪，对孩子吼了几句。令她万万没想到的是，一向沉默寡言的丈夫突然起身，"啪"的一声拍了下桌子，怒吼道："离婚！我忍了你15 年了！从结婚到现在，你就没有变过，就是个彻头彻尾的泼妇！"看着愣住的妻子，他又继续说道："我净身出户！我什么都不要！下次再见到我就是签离婚协议的时候！否则不要找我，也不要求任何人帮忙。经过几年考虑，这是我的决定！"说完就摔门而出。来访者问我："老师，是不是我老公得病了？是不是他有什么心理疾病？"我问她："你为什么这么问呢？"她向我解释："我们是同一个单位的，我知道他外面没有人，而且他所有的钱都是交给我管的。没有外遇，没有钱，连住的地方都没有，40多岁的男人离婚以后怎么办，哪个女人会嫁给他啊？"从这句话里，我听到了来访者对她丈夫发自心底的爱和担心。但是，丈夫还是决定要离婚。来访者不明所以地问道："我不一直都是这样吗？我哪里错了？"

婚姻需要磨合，不要给对方一种错觉，双方的相处模式默认没问题，可能突然之间，一切就不对了，一方会忍受不了了。忍的一方不要觉得有自己有多么伟大，多么宽宏大量，因为忍的一方通常会把积攒下来的怨气，事无巨细地全部倾倒而出，几乎都是你平时没注意、忽略掉甚至早已遗忘的事情，而且对方在列举所有这一切的时候，你往往会因为想不起来而否认，进而两个人发生争吵，最后话赶话地导致离婚。

有时候，我们因为怕进苍蝇，所以选择不开窗户，却忘了还有窗纱的存在。

在离婚冷静期存在期间，有数据显示我国有的地方的离婚率比上一年下降了将近70%，说明冲动离婚的人并不在少数。

五、没有冲突解决机制

即两个人发生冲突时，不知道该如何正确解决，要么忍、要么吵，问题还在，甚至可能加剧。

没有冲突解决机制会破坏感情，但错误的冲突解决机制也不可取。

曾经有一个有些啼笑皆非的案例：夫妻二人商量好的冲突解决机制是："吵架 / 冲突不过夜。"实际情况却是，妻子伶牙俐齿，丈夫根本吵不过她，两人每次为了冲突不过夜，矛盾能够得到解决，会聊到凌晨三四点还不睡觉，最后丈夫情绪崩溃，跳楼三次未遂。丈夫最后备受折磨地说："要么你让我死，要么咱俩离婚。"妻子依旧不依不饶："不是说好的吗？不解决问题就不睡觉。"在咨询过程中，我提醒她："现在到底是这个约定重要，还是你的老公和你的婚姻重要？"

在商定冲突解决机制时，要满足两个条件：一个是两个人都愿意接受，第二就是这个机制切实有效（见图 3-11）。

图 3-11 婚姻中的 5 大致命伤

亲密关系模型：幸福婚姻 5 大共识

一、爱情两个人，婚姻两群人

当你遇到了想相伴终生的人，你要开始学习跟两边家庭的相处之道。很多年轻人，存在严重"双标"现象："我爸妈可以管我们的事，你爸妈可不行，我不能听他们的。""过年去我爸妈那边，不去你爸妈那边。"爱情是两个人的，但是要走入婚姻就是两群人，要处两边好关系，别厚此薄彼。学会对对方家庭降低期望，能相处好自然最好，相处不来就敬而远之。

二、经济共享，不斤斤计较

幸福婚姻就是经济共享，将彼此的财产进行合理分配。有的人会说："我们两人的钱不放在一起，我老公负责房贷，我负责家里开销。"这也是一种经济共享的方式，但如果两个人吃完饭，一共花 50 元，每人承担 25 元，这种 AA 制把一切都算得特别清楚，并不利于婚姻的长久和谐发展。

三、遇到矛盾积极解决，不告状、不扩展

有一个案例是夫妻两个人因为生意上的意见不统一吵架，丈夫后来不想吵了，就从一个房间躲到另一个房间，但妻子追过来继续吵。丈夫就说："你能不能不吵了，有完没完？"之后随手一推，没想到妻子跟跄了几步，摔倒在地。妻子一怒之下，叫来了公公婆婆并报了警，说自己被丈夫家暴。两个人的问题非但没有解决，婚姻关系也由此降至冰点。

想拥有幸福婚姻，遇到冲突矛盾的时候，两个人先内部解决。尽量不要去找老人、闺蜜、朋友告状，毕竟不是小孩子了，不要把问题扩大化。实在解决不了的情况下，可以寻求专业人士的帮助，让两个人的婚姻多一份尊重和隐私的空间。

四、婚姻需用心经营

生命匆匆几十年，婚姻也是如此。两个人在经营婚姻的过

程中，少不了磕磕绊绊，出现问题很正常，"小病赶紧治、平时多预防"。出轨，在婚姻中已经是很严重的伤害了，但未必是婚姻的终结。有不少出轨的案例，经过我的咨询，都修复得很好。当然，没必要非等到对方出轨了才开始挽回，而是时时刻刻都要用心经营。不要觉得我把这个女人娶回家了，我就可以万事大吉了；不要说我嫁给这个男人了，我就可以不修边幅了。你拥有的是爱情，而不是苟且。

说实话，婚姻的关键就在于两个人还愿不愿意进行沟通以及合理的分工。尽管有的人会找理由，一方觉得自己眼界大了，而另一方还在原地踏步。但是，这个时候很容易忽略掉一些现实的原因，尤其是女人为了这个家付出很多，而这些被丈夫忽略。现在很多妻子住着豪宅，开着豪车，名牌傍身却心理抑郁，就是自己都觉得自己活得没有价值。其实并不是这样，有相同想法的人，你可以回家带带孩子试试。工作上有时还可以偷个懒，抽个时间上个厕所，休息休息喘口气，但照顾孩子就不同了，一分钟都离不了，真的很辛苦。

任何一个家庭组成之后，目标是让这个家发展得更好，夫妻双方要共同守护这个家。我个人强烈建议：妻子不要长时间待在家里与社会脱节，因为这样极易产生自我价值感低的情况。另外，丈夫要积极参与到家庭事务中。他在家庭里面投入越多，沉没成本越高。不要光让男人把钱交回家，还要有情感和时间的投入。多和孩子互动，对孩子也特别有好处。因为父亲代表了力量和格局，母亲代表了慈爱。你会发现，父亲带出来的孩子都很有力量。

图 3-12　男人是妻子是后盾，是孩子的脊梁

五、接纳真实的彼此，尤其是最弱、最短之处

夫妻刚在一起的时候，看到的都是对方的长处，但婚姻还需要接纳对方的短处。

作为一个男人，挣不回来钱的时候，是很难受、很脆弱的，而回到家，妻子往往会说："这么辛苦也挣不到钱，家里都没米下锅了。"婚姻出轨的案例中，男人在外面往往对这样的女人容易动心，她们会这样说："你已经很棒了，我看得到你的努力，能看出来你很累。"而这些话，都是丈夫很想从妻子口中听到的。

同样，女人也会有脆弱的时候。比如，需要在家照顾孩子而放弃了工作，但在家里却没能得到足够的尊重，感觉在家里没有任何价值，等等。

幸福的婚姻，是欣赏对方的长处并肯定和赞赏他/她，接纳双方的最弱、最短之处，并呵护他/她。这样彼此会感受到家中的安全感，在外面戴的面具，回到家就可以摘下。

一位妻子在发现丈夫出轨后来咨询。妻子说："我先生的出轨对象各方面都不如我，其貌不扬，年龄还很大。我就是想不通我先生图什么。老师，你看我很漂亮，两个人在性生活方面也很和谐，不知道他为什么会出轨？"

过了一会儿，这位妻子问我："老师，你在家会化妆吗？""我一般在家不化妆，除非讲网课或者来客人。"我如实回答。妻子说："我在家也会化淡妆，还穿半高跟鞋。等我要睡觉了，才会换上家居服。我也这样要求我老公，不能穿着邋邋遢遢的大背心、大裤衩，更不能七扭八歪地躺在沙发上。"这时她丈夫说："我和大姐在一起很舒服，有种做什么都被允许的感觉。不像在家里，比我在外面还累。她的要求很多，让我很紧张。"家本身是心灵的港湾，是我们休憩的地方，如果把家搞得很紧张，在家还要戴面具，人就不想回家了（见图 3-13）

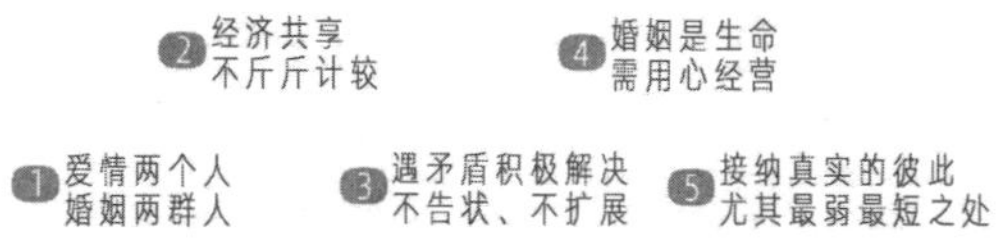

图 3-13　幸福婚姻的 5 大共识

亲密关系模型：爱的 5 种表达方式

测一测：你和爱人之间频繁使用的爱的表达方式是哪些

爱有 5 种表达方式：肯定的语言、时间的陪伴、服务的行动、精心的礼物、肢体的接触。

俗话说："男人不坏，女人不爱。"这5种爱的表达方式，"坏男人"往往都很精通：坏男人会说甜言蜜语（肯定的语言）；无论你们相隔多远，你说一句话，他就会过来陪你（时间的陪伴）；你想要月亮，他都愿意为你上天去摘（服务的行动）；他会给你准备精美又用心的礼物，就算是一块饼干，他都给你包装一下，每次和你约会，从不空手（精心的礼物）；更通晓女人的小心思，懂得女人的欲拒还迎（肢体的接触）。

对大多数人来说，爱的表达方式各有不同：有的是"行动派"，认为只要做到就行了，用不着承诺。妻子想要的却是："你快说一辈子爱我，我们结婚这么多年，你都是叫我的名字，你快叫亲密一点的称呼！"有的是"表达派"，比如我一到机场、高铁站，很容易产生忧伤的情绪，就会给丈夫发个信息，说："我想你啦。"丈夫通常只回复三个字："嗯，好的。"鉴于对他的了解，看到这样的回复，我往往是一笑而过。夫妻之间很宝贵的一点就是，能看到彼此的优点并且接纳彼此的缺点。对于我来说，比较擅长使用肯定的语言，也就是爱的表达，还有身体的接触，但我一般都是收礼物比较多，不太擅长送别人礼物。你可以结合自身的表现和习惯，来看看你使用频率较高的爱的表达方式有哪些吧（见图3-14）。

图3-14 爱的5种表达方式

亲密关系模型：婆媳相处技巧

自古以来婆媳和谐相处都是难题，其实婆媳冲突背后的原因有两点：

一是彼此想要相爱，真正融合成一家人，而因为各种原因导致这个美好的期望不能实现了，冲突就出现了。

二是彼此都想争爱及想把爱给出去。

现实生活中我们能看到的一个现象：刚开始时，婆婆对儿媳妇很满意，儿媳妇对婆婆很喜欢，但当时间久了，一方会发现自己的付出没有得到相对应的回报时，心里就失衡了，有意无意地就会对对方不满，相处别别扭扭的。这时候，双方都希望自己的爱被同一个人接受，因为被接受了，他就属于我的了。如果有一方的爱给不出去，心里就开始不满，开始有对抗。

那如何处好婆媳关系呢？

一、建立界限

这里的界限，指的是大家和小家的界限。当你成家之后，最好能和爱人独立出来居住。如果因为现实问题，还是需要和父母住在一起，就要向他们上交生活费。交得越多，你们的权利越大。如果不交，可能他们会说："你吃我的、喝我的、住我的，你还想独立？开什么玩笑？"而实际上，你交给父母的钱，父母一般也是帮你存起来而已，所以一定要主动交，把大家和小家的界限建立起来。

二、守护位置

这里的守护位置，指的是小家庭里男女主人的位置。两个人的事情，两个人商量后再做决定。如果两个人的事，你和你的父母就定下了，和爱人只是最后通知一下，这样做对另一半的伤害很大，会感觉自己像是个外人。你可以跟父母说："爸妈我知道了，我回家和我老公／老婆再商量一下。"这样就守护了彼此的位置，小家的事由两个人一起来决定。

三、向理不向人

婆媳之间产生矛盾，怎么办？如果你不想受"夹板气"，就要就事论事，向理不向人，但这并非易事。你的父母会委屈："你结婚了，娶了媳妇忘了娘，没良心。"你的爱人也会很伤心："咱俩人的事，你竟然不向着我，你竟然向着你爸你妈。"你要明确你的态度："爸爸妈妈，我很爱你们。这个是我妻子，我也很爱她。你们都是我爱的人，你们也都爱我。所以，在你们跟前我不能偏着谁、向着谁。我现在向理不向人。"当他们发现在你面前告状收效甚微，没理就是没理，有理就是有理的时候，就会冷静下来，寻求合理的解决办法。

一定不要采取盲目压制一方的方式，如果不分青红皂白地压制妻子，她会说："嫁到你家，结果你们家欺负我你竟然不管。你和我不是一条心。"有的人甚至一辈子都无法释怀。咱们的父辈有很多的女性，说起以前受的委屈，都还历历在目。

四、敬而"远"之

这里的"敬"指的是对待公婆的态度;"远"指的是降低对对方父母的期望,而不是说一定拉开距离。世界上所有的关系,除了亲生的父母对孩子的付出不要回报,其他关系都要回报,婆媳关系也不例外。所以说,不要对公婆的期望太高,如果公婆帮你了,你就要及时表达感谢之情,这样双方相处才能长久。

从处理婆媳关系技巧我们可以看出,只要有人的地方就有心理学,而最好的心理学,就是接地气的家长里短(见图 3-15)。

图 3-15 婆媳相处技巧

亲密关系模型:有效沟通 5 要素

在夫妻两人的相处中,是需要不断沟通的。为了有效沟通,减少不必要的误会,大家要遵守高效沟通的 5 个要素。

一、明确的目标

沟通要有明确的目标,你想跟对方沟通的目的是什么?你想通过沟通达到什么样的效果?沟通不是宣泄情绪,而是要让对方知道你想传达的信息，让对方理解你的需求。

二、清晰的内容

有了目标之后，还要有清晰的内容。清晰的内容是指，你把想要说的内容说清楚，你说话的内容要跟你的目标相匹配。有些人沟通时不好好说话，而是经常用指责、抱怨的表达方式，这样一来对方可能很难接收到你想要表达的真实意思。比如，一位女士希望老公能更加疼爱和照顾自己，她应该清晰地向老公说明，自己需要老公更多的爱、关心、照顾，甚至具体到老公如何做能够让她体会到这些。这就是清晰的内容，与自己的沟通目标相匹配。反之，如果这位女士上来就说："你看别人家的老公对妻子多好！"那老公就不明白妻子想表达什么，会以为是在批评自己，那这个表达内容就跟沟通的目标不匹配。

三、灵活的表达

夫妻之间的灵活的表达显得尤为重要。以前，对牛弹琴骂的是对方，现在，对牛弹琴骂的是说话的人。你明知道对面是一头牛，你和牛交流是不是应该用牛的语言？为什么要弹琴呢？

灵活的表达，就是根据不同的情景、不同的人，你怎么说对方能听懂你就怎么说。使用对方能理解的方式，沟通才有效。

四、及时的反馈

要及时寻求反馈，这样才能知道对方是否真的听懂你的表达，同时要注意说话的艺术，你可以问："我有没有讲明白？"来代替"你有没有听清楚？""我这样理解你的意思对吗？"

没有反馈，很难达成共识。没有反馈，就是自说自话，不是沟通。

五、懂你的倾听

中国有句古话："锣鼓听声，听话听音"，就是说在沟通中听懂对方话的重要性。所以，在沟通中要关注到语言背后的东西，比如对方的神态和肢体语言，要多观察对方的反应。那什么是懂你的倾听？举一个例子：一位妻子很生气地对丈夫说："我们单位的小丽，她老公每周都很陪她逛街。"如果你是她丈夫，你会如何回应？其实我们应该注意到她很生气，说明她觉得在你心里她不重要，所以她要的不一定是逛街，但一定是需要你多陪她。你能听懂这点，就说明你懂倾听（见图3-16）。

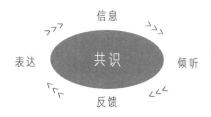

图 3-16　有效沟通 5 要素

亲密关系模型：沟通中忌讳 5 种语言

一、进行比较

跟伴侣沟通时进行不合适的比较。

比如，有时夫妻俩抱怨的背后基本是在要爱、要关注，但彼此不会直接表达，而是拿自己的伴侣跟他人做比较。最典型案例就是："你看看别人家老公！又能挣钱还会体贴人，你能干什么呢？""你看人家的老婆，把家收拾得多清爽，人家怎么就没有怨言呢？""你还产后抑郁呢？我妈生了几个孩子也没见她抑郁啊！"进行比较对伴侣是一种极大的伤害，会打击对方积极的自我意识。

二、道德评判

以自己的价值观和需求评判伴侣的行为。

比如，妻子太体贴，每天嘘寒问暖，你觉得她"太黏人了"；而当你需要她黏你的时候，她不黏你，你觉得她"太冷漠，不关心我"。

三、强人所难

你明明就不想去做这件事，但对方却通过撒娇、耍赖等各种方式逼你就范。不管出于什么原因，被迫行事总会令人感到压抑。

四、回避责任

对自己的思想、情感和行动不负责任，或者推卸责任。即"不得不……""你让我……"。

比如，家里一旦出现问题，一方就在一旁冷言冷语："你看我早就说过吧，你不听。如果是我做，肯定不会这样。"

五、指责/攻击对方原生家庭

即一遇到不如意的事情，或者看不惯对方的一些不良行为，就开始扯上对方的父母，对伴侣进行强烈的攻击。

"你这种行为跟你爸一模一样，没有担当，没有男人气！""你就像你妈一样不讲理，恶女人！""有谁家能像你们家这样啊，你弟恨不得一辈子都不见你妈！"

这种行为是夫妻沟通中最忌讳的。两个人之间的事情，不要牵扯到双方父母。牵扯的人越多，矛盾越难解决（见图3-17）。

图3-17　沟通中忌讳的5种语言

如果你和伴侣在沟通中，存在以上几种不良沟通方式，可以有意识地尝试改变，成就幸福和谐的婚姻。

亲密关系模型：一方出轨后修复5步法

发现丈夫出轨之后，妻子的反应一般都是震怒，然后开始恐惧，再往后是抓狂，急切地想把对方抓回来，她会不惜委屈自己。更有一些人，自称是婚姻咨询专家，在课上向女性灌输错误的观点："因为你给的爱不够，你做得不够好，所以男人才去外面找。"这样不负责任的专家，会让女性变得更加无力，甚至产生抑郁的情绪。

出轨对每个人的伤害都特别大，尤其是对于一个女人来说，会感觉"天塌下来了"。很多女性在发现被出轨后，会下意识地拿着放大镜在自己身上找缺点。曾经有一个案例，来访者跟她丈夫是研究生的同班同学，在第二个孩子出生6个月后，她发现老公出轨了，出轨对象是一个女博士，年龄比她还要大，无论是外貌还是事业都不如她。来访者做咨询的时，问了我一个问题："老师，是不是我老公就喜欢博士？"听到这句话，我的眼泪忍不住落了下来。来访者各方面都很优秀，自认为和老公关系也没有问题，她对比之后，只能找到这一个不如第三者的地方。可见，不管男人女人，被出轨那一方受到的伤害是非常大的。但是，出轨并不是婚姻的终结，当发现被出轨后，要冷静下来，认真思考这段婚姻到底要还是不要。

如果出轨被发现，两人都想继续这段婚姻，并愿意认真解决问题，修复婚姻，需要经过下面5个步骤。

一、要做到付出跟收取的平衡

什么是付出跟收取的平衡？即出轨方要为出轨行为付出一定的代价；被出轨方要求对方付出该付出的代价，只有这样两人才能真正放下内心的愧疚和不平衡，进行有效的修复行为。

针对出轨行为，坚持谁出轨谁负全部责任，先不谈在婚姻中谁对谁错，因为出轨是一个原则性问题。举个例子，你给了我一个耳光，我受到伤害了，你要跟我和好，那么你要付出能够让我心理平衡的代价，但这个代价不会对你造成实质性的伤害，这就是修复前的付出跟收取的平衡。对被出轨方来说，你要认真思考对方要做些什么，你就愿意真正放下此事，全心全意而不是委屈自己跟他一起修复婚姻。注意，这里说的是"放下"，而不是"原谅"。曾经的案例中，有些女性不想离开丈夫，就盲目地原谅对方，觉得自己也有错，只要丈夫不离开，这件事情就这么过去了，原谅他一次，但很多女性等这件事情过去之后，心里会变得不平衡，很容易引发新的争吵，其实她内心很清楚就是因为出轨这件事并没有真正过去。所以，被出轨方采取出轨之外的方式来进行平衡，达到"放下"的目的，是正确的做法。

当出轨方受到足够的惩罚，开始改变，两个人的关系甚至会变得更好。有一个案例，发现丈夫出轨后，妻子经过冷静思考，决定给自己和婚姻半年时间，如果自己能解开心结，婚姻就继续，否则就离婚。在这半年的时间里，丈夫做了很多补偿性的行为，两人也多次深入交谈，彼此都感觉好像又谈了一次恋爱，但是这次恋爱是建立在更成熟和理性的基础上。所以，有时出轨并不是婚姻的终结，反而会让两人的关系更好。

如果出轨方不愿意积极承担责任，两人之间无法实现付出跟收取的平衡，就代表他根本不是诚心挽回婚姻。看清这一点后，只能采取缓兵之计，自己先慢慢休养生息，做好离开的准备。如果在这个时候还念旧情，心里放不下，后面的日子就难过了。

图 3-18　出轨不是婚姻的终结

二、安抚受伤者的情绪

如果决定修复这段婚姻，出轨方在做出姿态、付出相应的代价之后，还需要主动安抚受伤者的情绪。这里要注意一点，不要事无巨细地描述出轨细节，否则对被出轨方的伤害很大，也会影响到后续两人的继续相处。有一个案例，丈夫出轨被妻子发现了，他想回归家庭，为了安抚妻子的情绪，妻子问什么他都说，甚至主动交代两人常去的地方、在哪里约会、女方怎么称呼他、怎么"勾引"他等。等小三离开、丈夫回归家庭后，妻子才发现自己根本过不了心里这道坎。她很痛，她总是不由自主地联想到小三的一些言行。后来，她实在忍受不下去了，选择了离婚。安抚情绪，态度要真诚，还要真正认识到自己错了，多向对方表达爱，多做一些补偿性的行为，而不是描述不必要的细节，这些细节都是扎在对方心里的刺。

三、找出出轨的原因

在两个人平静下来后，聊一聊出轨的原因，但这并不容易，因为出轨方会说一些被出轨方的错，虽然他／她说的是事实，却好像是为自己找理由，这时被出轨方会再次感受到被伤害。

四、建立新的相处模式

找到实质性的原因后，两人要建立新的相处模式。这种新的相处模式是彼此都能接受并做到的，同时能满足彼此的需要，又有利于家庭发展的。只有满足了这些条件，新的相处模式才能持续，否则问题就没有真正解决。

有一个案例：当妻子发现丈夫出轨后，进行了一年的修复，两人重归于好。由于丈夫觉得是自己错了，所以并没有对妻子说出自己内心真正的期望，虽然他看到了妻子的成长，家庭氛围也轻松快乐起来了，但心里还是觉得空落落的，而且并不能真正放下第三者。

后来妻子病了，他突然发现妻子对他、对这个家很重要，自己还是很爱妻子的。他给妻子发了一条信息，表达了对妻子的肯定，同时表达了希望妻子能跟他多一些情感交流，两人不要开口闭口就是公司和家里的事。他渴望能够感受到妻子对他的爱。

五、加强沟通，及时调整

当新的相处模式建立后，两人还需要不断沟通、调整，直到双方都觉得很好。彼此沟通时不要压抑，心里的想法都可以表达出来，只有这样才能建立有效的沟通和相处机制。

两人在一起的意义，就是让对方感受到爱，帮对方提升，跟对方同甘共苦。如果两人在一起已经没有意义，婚姻就会出现裂缝。可见，出轨不是婚姻的终结，而是让我们重新审视我们在婚姻中的需求及付出（见图 3-19）。

图 3-19　一方出轨后修复 5 步法

出轨的几种方式

婚姻咨询中，被出轨后来做咨询的案例很多，尤其是被出轨的女性多，当女性发现丈夫出轨后，都会很崩溃，有天塌下来的感受，自我和三观都会被打碎。

从进化心理学的角度，男人能接受女人的精神出轨，最不能接受女人的身体出轨。男人通常觉得他们不能替别人养孩子，因为不愿意用自己的资源去养别人的孩子，觉得亏。在中国，离异女性带着女儿更容易再嫁，带着儿子就不好再嫁了。因为女儿养大成人后会嫁出去，儿子长大后还要购置房产、娶妻生子、分财产等，所以在咨询中，男人发现妻子身体出轨后，会非常愤怒，很多会直接动手打妻子。

而女人最不能忍受的是男人精神出轨，因为男人的心在哪里，钱就在哪里，人就在哪里。女人特别不能忍受丈夫爱上另一个女人，把钱给了另一个女人。如果一个男人出轨后说"我酒后没有忍住"，或者"我只是逢场作戏"，女人还比较容易接受。一旦男人动了感情，上升到爱的高度，女人就会"溃不成军"，愤怒不已。

从精神动力学的角度分析，出轨是代价最小的能满足一个人在婚姻中缺失的需求的方式。如果在婚姻中情感、性、经济等需求得不到满足，如果他不是想办法积极解决，或者解决无效，直接离婚的损失会很大，孩子也会受到创伤，还要分财产。这时男人往往会在别的地方寻求满足感，再回来维护这个家。现在婚姻出现问题较多，有客观的原因，但最主要的还是主观原因。彼此的心智不成熟，遇到问题不是积极解决，而是相互抱怨和逃避，时间长了，感情就淡了。还有一种普通现象，就是女性在家里全然付出，工作和家庭都照顾得很好，对丈夫也自觉很好，但丈夫却出轨了。现在出轨成本很低，当一方在出轨上尝到甜头了，出轨就变成了满足他需求的捷径，要么是 0次，要么是无数次，除非第一次出轨后两人真正解决了两人之间的问题。

另外补充一点，亲吻在婚姻中也从一个侧面反映出爱的程度，成为一种爱或者不爱的信号。当两人过夫妻生活都没有亲吻的时候，爱的程度会受限，尤其以前是有性关系及亲吻的，现在不但没有性关系也没有了亲吻，感情的亲密度就受到了影响。

出轨包括以下几种方式。

一、习惯性出轨

他爱你的时候轰轰烈烈，不爱你的时候冷漠无情；最爱你的人是他，伤你最深的人还是他。一般这种情况的发生，都是他在青春期就出了问题，兴趣不是很稳定、心智尚不成熟等。这种人即使离婚跟出轨情人结婚，还是会以出轨再结束。对他们来说，出轨只有 0 次和无数次的区别。如果他们自己不想改，没有任何人能改变他，他们会想方设法出轨。怎么办？遇到这种情况，如果不能直接离开，就要让他在财产或者其他他在乎的事情上付出代价。

二、缺失性出轨

缺失性出轨是指婚姻中正常的需求无法得到满足，对方可能努力过，但没有效果。尽管他不想离婚，但还是采取出轨的方式满足自己的需求。

缺失性出轨的修复涉及两个前提因素：第一，是两个人都有意愿复合，出轨的一方想要这个家，另一方也愿意接纳对方，同时两人都愿意提升自己对满足对方的需求；第二，是彼此的需求都是在对方的能力范围之内，双方都愿意接纳不同时期对方能力的局限性。

缺失性出轨常见的有三种情况。

一是在孩子还小、妻子照顾孩子顾不上丈夫的时期发生比较多。丈夫感受不到妻子的爱，性也得不到满足。可能他和妻子提过，但妻子没有在意或者精力不够，不能满足丈夫的需求。这时丈夫正确的做法是主动帮妻子承担照顾孩子的责任或者承担家务，让妻子好好休息，有精力爱自己，而不是觉得妻子不爱自己了，所以去外面找爱。

二是容易发生在两人生活很平静，没有爱和也没有性的时期。而人对爱和性的需求其实一直都在，只要有机会有诱惑，一方就可能出轨。

第三，最常见的一个原因是出轨方在原生家庭里有缺失，他/她在婚姻里找爸爸妈妈，但这注定是失败的。所以，他/她会全身心投入一段感情/婚姻，但发现伴侣不能满足自己的缺失时，他/她就会再苦苦到外面去找。如果是这种原因导致的缺失性出轨，出轨方需要进行深入的心理疗愈，完成自我成长。

针对这种情况我写了一首诗。

南有痴情女，北有深情男；
没有金刚钻，才找瓷器活。

意思是说，很多出轨的人是因为原生家庭的缺失，自己很难突破，所以才下意识地出轨，但这就如"饮鸩止渴"，只会越陷越深。

三、报复性出轨

报复性出轨，一般属于冲动性出轨或者自伤性出轨。通常发生在两种情况下：一种是和伴侣吵架吵得很伤心，向外寻求抚慰，结果出轨了；另一种情况是发现对方出轨了，自己为了报复对方也出轨，我将这种出轨定义为自伤性出轨。为什么呢？因为会给自己惹来很多麻烦。这种报复性出轨行为很可能会成为习惯，对婚姻的损害很大。

出轨的原因没有统一答案，要根据不同的情况分析。有人认为，一夫一妻制是反人性的，这是错误的观点。因为一夫一妻制虽不符合个体的"本我"冲动，却符合个体对爱和安全感的需求。"本我"往往跟文明相冲突，而文明是提升个体自制力，帮助个体享受更高级、更长久幸福和快乐的保证。

如何经营好再婚家庭

家族需要代代相传，因此核心家庭与原生家庭相比，应是核心家庭更为优先。核心家庭是由夫妻和孩子们组成的家庭。核心家庭要想发展得好，亲密关系与亲子关系相比，则是亲密关系更为优先。

从正确的家庭序位来看，夫妻关系是地基，孩子是房子，你想让这个房子稳定，能盖得更高，这个地基就要稳固。如果地基不稳定，房子就会晃晃悠悠，盖不起来。而且夫妻关系不好，可能会导致孩子对婚姻感到失望，出现恐婚现象。

现在离婚现象多，重组家庭也很多，那么如何才能经营好重组家庭？要注意做好下面几点。

（1）如果两人在前面的婚姻里都没有孩子，经营起来就很方便，按照原配家庭经营就好。只是彼此都要注意一点，不要拿现在的伴侣跟前任做比较，彼此全心地投入这个家庭。如果两人有了孩子，这个家就完整了。

（2）一方有孩子（无论孩子是否跟着一起走入婚姻，还是由前任伴侣抚养），而一方没有孩子。没有孩子的一方要尊重带孩子一方跟他/她孩子的关系，尊重他/她照顾孩子的权利，甚至帮助他/她照顾孩子，两人的夫妻关系就会越来越好。当然带孩子的一方要感谢对方对自己的爱，而不是觉得理所当然。

（3）双方都有孩子。双方都要尊重对方跟他／她孩子的关心和照顾，并愿意对对方的孩子好，夫妻则能过好。如果出现我照顾我的孩子可以，你照顾你的孩子就不行，或者都为自己的孩子争取利益，而不在乎夫妻关系，重组家庭就会出现问题。

（4）在重组家庭中，对方跟他／她孩子的关系要重于夫妻关系。与前任所生的孩子在家庭里越能得到尊重，夫妻关系则越好。

（5）孩子可以称呼现任"爸爸"或"妈妈"，也可以称呼"叔叔"或"阿姨"，家长不要强行要求。因为孩子原本有自己的爸爸妈妈，充分尊重孩子的想法和意愿，孩子在重组家庭里才能安心和有安全感。

经过大量的婚姻咨询，我建议当婚姻出现问题时，夫妻双方要积极解决问题，或者寻求专业人士的帮助，不要轻言离婚。如果再怎么努力都过不下去了，就把各方面事情处理好再离婚。这对自己是个交代，也可以降低离婚带来的负面影响。

有的来访者咨询时说："我俩过不到一起了，他根本就没努力！"这时候我会说："大事缓做，急事缓做，不要着急。从现在开始做三件事，一是静下心来客观分析两人出现矛盾的原因；二是总结正确的解决方法；三是自我成长，以最好的自己经营这段婚姻。三点都做到了，还是无法过下去，这时再离婚，你就不会有遗憾。"当然家暴除外，家暴一旦发生，你需要做的就是直接报警，立马离婚。

如果因为自我成长不够，或者没有自我成长的觉知，又有孩子了，我建议彼此尽可能学会成长和修复，不要轻言离婚。如果轻言离婚，下次婚姻还可能出现问题，因为"不会游泳的人，换个游泳池还是不会游泳"。当你没有经营婚姻的能力，慢慢就会对婚姻失望，同时失去信心，质疑自己是不是自己真有问题？

夫妻关系只要出问题，不论是出轨还是离婚，对孩子都会产生影响。因为孩子既爱爸爸又爱妈妈，爸妈离婚了，孩子就会失去一部分爱，所以孩子不希望爸爸妈妈离婚，这是孩子的原始本能。

有些夫妻，他们之间的关系出现问题，依旧保持着表面上的稳定；有些夫妻选择离婚，孩子归一方，各自过好生活。无论哪种情况，只要家长过得好，孩子就能逐渐接纳现状，心里的创伤就会慢慢愈合，但如果孩子本身性格偏抑郁，婚姻中的吵闹和离婚，就会对孩子造成较大的创伤，疗愈的时间也会相对较长。

图 3-20　婚姻存续与否，都要保护孩子

亲密关系中的 PUA

PUA 指的是在一段关系中一方通过言语打压、行为否定、精神打压的方式对另一方进行情感控制。实施 PUA 的一方通过打压对方，毁掉对方的自我，降低对方的自我价值，让对方以为只有施害者才会爱自己，离开施害者自己就一文不值，不会被其他人爱和接受。

PUA 主要包括以下三方面的控制。

一、经济控制

就是在金钱上打压你，让你觉得你没有资格花钱，你花钱就是错。比如，"你才挣多少钱，就知道花钱。你以为钱都是大风刮来的吗？"

"你买这个菜，这么贵！都不知道货比三家吗？"

他们控制你的经济，让你无法离开他们。

二、社交控制

社交控制就是通过诋毁、挑剔、切断、缩小你的社交圈子来控制你，让你离不开他。

"你看你那些姐妹，有一个好人吗？ A 打扮得那么妖艳，想勾引男人啊？ B 那么笨，一开口就满嘴土味。我真不知道你跟她们相处，她们能给你带来什么？以后不要跟她们来往了！"

惯于 PUA 的丈夫，也会控制你与你原生家庭的交往。目的是想要让你和他们不要有任何来往，恨不得让你成为一个孤家寡人。

"你知道吗？咱们今天去你家，你爸妈对咱孩子和对你哥的孩子的态度是不一样的！他们就是瞧不起你！以后咱们不来他们家了。"

三、性控制

即针对你的身材、性生活中的表现来攻击你，或者拿你跟他人做比较，各种打击和贬低你。

"你看看你的身材，都走样了，谁还喜欢你？"

"你怎么这么笨，一点情趣都没有！"

性是每个人最脆弱的部分，最能激起一个人对自己的全面否定。

遇到 PUA 的伴侣，要勇敢反击他，不要忍让，他们其实都是纸老虎。如果不想给他们机会，就直接离开。我们每个人来到这个世界上是为了享受生活，而不是被他人 PUA 的，尤其还是自己爱的人（见图 3–21）。

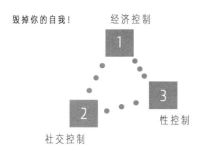

图 3–21　PUA 主要包括三方面的情感控制

经营婚姻，除了学习一些技巧外，还要自我成长。

下面大家思考两个问题：

为什么你对伴侣总是不满意？

为什么他怎么做都满足不了你的心理需求？

交还父母技巧

如果在你的婚姻中，无论对方怎么做你都不满意，那下面的这个技巧可以帮助到你。

无论伴侣怎么做都满足不了你，你愤怒、委屈，很有可能是你在伴侣身上投射了对父母的心理需求，希望伴侣能够满足你父母未能满足你的需要。直白地讲，也许你在找一个妈妈或者爸爸，而实际上伴侣作为亲密对象只能给你作为伴侣能给的，不能再多。所以，我们这里用到"交还父母技巧"，将施加在伴侣身上不合理的需求交还给父母，让自己不再对伴侣有不合理的需求。

你可以找一个安静的地方闭上眼睛，想象伴侣站在面前，注意观察伴侣的面部表情，同时体会自己内心的感觉，然后想象自己的父母站在背后，父亲在右肩后面，母亲在左肩后面。（如果你不喜欢父母站你的身后，那说明你不接受父母，跟父母的关系不好，就需要先处理跟父母的关系，有利于你的婚姻关系发展。）此时无须在这件事情上纠缠，只要想着生命是经由每一代的父母往下传给孩子，而自己的生命也是来自背后的父母，所以父母站在背后并不牵涉其他事情，而只是显示生命的传承而已。

现在，想象伴侣站在前方、自己的父母站在背后，你对伴侣说："我对你有一些要求、期望，是你不能满足的，而只有我的父母才能满足。现在我把这些要求和期望从你身上还回到我的父母那里。"你无须清楚说出那些是什么，凭感觉去做这件事便可以了，让所有他不能满足你而只有父母才能满足你的东西全部飞回到父母那里。当你感觉都飞完了，现在看看站在你前面的伴侣的面部表情怎样了。如果跟你做练习前看到的有不同了，放松了，有笑容了或者他转身离去了，或者开始时看不清楚他而现在能看清楚他了，或者可能出现相反的情况，所有这些都是有效果的证明。

这个练习要多做。只要你感觉委屈了，或者他怎么做你都不满意，你就可以做。

图 3-22　亲密关系中永远的不满足可能来自原生家庭的缺失

一、实操过程

"小美，你现在闭上眼睛，两只脚踏踏实实地踩到地上，两只手自然地放在大腿上。老师的手在你肩膀上大椎的位置，给你做支持。想象你老公站在你前面，你看看他有没有看你？他看你的表情和眼神是怎样的？他是怎样的发型？穿着什么款式的衣服？你可以告诉老师，他现在是背对着你，还是侧对着你？"

"找不到他。"

"好，没关系，老师的一只手在前面，我们想象他就在前面，暂时看不见也没关系。现在，你想象爸爸站在你的右肩后，妈妈站在你的左肩后。靠一靠，来感受一下，能够靠着爸爸和妈妈。

"你知道，他站在你的前面，想象你看着他，对他说，老公，你就是我的男人，你不是我的父母。如果我在你身上投射了对我父母的需求，比如说我希望你能够照顾我的人生，比如说，我觉得你就应该给我更好的生活。如果我有这样的需求，现在我都收回交给我背后的父母。

"只要你在他身上投射了对你父母的需求，就想象把这些需求从他身上飞出来到你背后，交还给你的父母。然后说，即使以后有这些需求，我也会交还给我的父母。你就是我的老公，你只能给我作为老公给我的，不能再多。如果我再有对我父母的需要，我会从我的父母那里得到。我也会给你作为一个女人该给你的，同样不能再多。谢谢老公。"

"现在，你试着看能不能看清他？"

"现在可以看见他了。"小美说。

"现在他的表情和眼神是怎样的？"

"比较友善。"小美说。

"你的感觉呢？"

"轻松些了。"小美说。

"好，再靠靠你背后的父母，然后对爸爸妈妈说：'以后我有需要，我会从你们身上得到，因为你们就是我最好的爸爸和妈妈。谢谢爸爸，谢谢妈妈！'愿意这么做吗？来做两个深呼吸，把这种感觉储存在你的身体里。每一次吸气，都让这种感觉变得更强烈。"

小美开始哭泣。

"突然间觉得自己长大了是吧？没事，可以哭出来。"

二、技巧解析

我们和婚恋对象是一种平等的合作关系，如果小时候得到父母的爱太多或者太少，就有可能把一些本该是父母满足我们的要求、期望寄托到伴侣身上，而这些要求和期望是伴侣无法满足的。所以，在引导的时候，可以这样表述："你只是我的男人，你只能给我作为我的男人给我的，不能再多。如果我在你身上投射了我对我父母的需要，那我现在全都收回……"

不要小瞧这些看似家常的话，它们能够直中要害，说到点子上。对妻子同样可以说："你作为我的妻子，你只能给我作为我的女人给我的，不能再多。如果我在你身上投射了我对我父母的需要，那我现在将这些需要交还给父母……"

这样，夫妻相处就变得轻松、简单了。

这样设计引导语是因为有时候我们未必清楚哪些是对父母的期望、哪些是对伴侣的期望，但潜意识是知道的，所以无须说清具体期望。

最后，向我点头示意，说明交还成功。结束的时候，一定要再问一遍：你的伴侣有什么变化？比如，小美一开始看不到她老公，但最后能看到了，这就是效果的呈现。并且，看到之后，据她描述："整个人觉得轻松了、友善了。"还有人说："发现眼前的人走远了。""原来对方很小，现在变大了。""原来很暗现在变亮了。"这些也都是咨询的效果呈现。前后两次问伴侣呈现的相，就是为了知道咨询有没有效果，同时也把效果强化了一遍。

在这个世界上，你我都只有一个爸爸、一个妈妈。在所有的关系里，只有亲生父母对亲生孩子的付出不要回报，其他所有的关系都要回报，尤其是亲密关系。当你对爱人各种不满意，一个原因是你当初选错了人，另一原因可能是你的心理还是个孩子，你把对爸爸妈妈的期望投射到了伴侣身上，希望伴侣能给予更多爱。但是，他们只是你的伴侣，不是你的父母，不仅给不了父母能给你的，同时他们对你的付出还是要回报的。对方可能也在时刻掂量两个人的付出与收取的比例。

如果你的爱人是安全的依恋模式，就会很懂你，也能接纳你的情绪和需求。他会通过积极的、真诚的付出给予你爱，慢慢帮你形成安全的依恋模式，一劳永逸，你们两人以后会更好。

但是，最害怕的就是对方给你的爱，被你当作是理所应当的，你的内心根本无法被填满。这时你需要明白，对方可以因为爱你而陪你走一段，但是没有义务因为你的创伤而迁就你一辈子。对方没有这样的义务，也本不该背负这样的义务。当使用"交还父母法"后，如果你还是对另一半不满意，觉得对方就应该付出，而不知感恩，其原因一般是内心缺失。表面上是婚姻中出现问题，实际上是原生家庭关系的问题，你就要更多地关注自我成长。

还有一种交还父母的方法，用在有人把丈夫当孩子，或者把妻子当女儿的情况。这样的人往往会感觉特别累。下面是处理此种情况的引导语。

让来访者坐下放松后，想象丈夫/妻子站在前面，其父母在其背后。假如是把老公当儿子了，可以说："作为你的妻子，我只能给你一个妻子能给的，不能再多。如果我承担了本该属于你父母给你的这些责任，我现在把它还回去交给背后你的父母。以后你有这方面的需要，就跟他们去要。"这时，来访者一下子就会觉得轻松很多。

反之，把妻子当女儿了，处理方法一样。

无论是什么情况，我们都要站到属于自己的位置上，做自己该做的事情，不要越位，不要承担不属于自己的责任。一方付出太多，有可能是从小内心的缺失，希望自己做多一点，换来他人的肯定。当夫妻两人把本该属于自己的功课夹杂到婚姻中时，都会给婚姻带来更多的冲突和难题，所以除了经营技巧，婚姻中出现的任何问题，我们都需要从自身找原因，进行必要的自我成长。

图 3-23　拥有爱自己的能力，才能真正爱伴侣

化解分手后仍放不下对方的技巧

已经分手但心中仍然未能把对方放下的受导者，无论他的心中是爱或是恨，都可以用这个技巧处理。

两人在一起的唯一意义是帮助对方提升，当这份意义终止时，亦是两人应该分手的时候。所以，该来的时候来，该分的时候便分。若是放不下，不是把对父母的需要投射在对方身上，就是本人没有在相处的一段时间里学习到所应学习的东西，或者没有对对方所给予本人的表示感谢（付出与收取之间尚未平衡）。

引导受导者闭上眼睛，想象已分手的对方站在前面。如果受导者是被出轨的那一方，尝试一下让她冷静下来，看看到底什么问题。引导受导者注意看对方的面部表情是怎样的？有没有看你？发型是怎么样的？穿什么衣服？目的是让他的样子变得清晰。这里建议受导者做两到三个深呼吸，静心凝神。

然后引导受导者跟着自己对对方说出以下的话：

我们曾经有一段时间在一起，现在已经结束。在那段时间里，你给予我很多，帮助我成长，我很感谢你。对我有用的东西，我把它们放在了我的心里，我也因此把你放在了我的心里；对我没有用的东西，我把它们交还给你。在那段时间里，我能为你做的也全都做了。现在，我把你完全地释放回到你的人生，我也完全地回到自己的人生里。我祝福你，希望你也祝福我。

说完后，辅导者引导受导者再看看对方的面部表情。若效果不够好，往往还要做"交还父母"的技巧。

不管现在受伤有多深，两人在相爱的时候，彼此都是真诚的。承认对方是你的历史，不要因为现在干的错事，把以前否定，因为这样反而不符合现实，所以有用的就留下，没有用的就放下。不管最后对你的伤害有多深，但在当时的水平，你已经做了你所能做的一切，他也做了他能做的，该是时候把你完全释放回你的人生了，不再揪着对方，也放过自己。"我祝福你，希望你也祝福我。"这句话有很多人说不出来，觉得恨他还来不及，实在无法祝福。你作为辅导者，先等受导者的情绪平复之后，再进行处理。最后，如果还是不成功，再做"交还父母"的技巧。因为，有可能受导者把对父母的期望投射在对方身上，其本人还是种孩子的心态。

一、实操过程

"首先，你做两个深呼吸让自己静下来。吸气的时候，用鼻子吸气，吐气的时候，嘴巴微微张开，缓慢而均匀的吐气。把你的注意力放到呼吸上，每次吐气的时候放松你的双肩，让身体放松下来。"注意受导者的状态，保持放松。

"现在，老师的手在你面前，想象已经分手的对象就在你的前方。"辅导者要自然地把手放在受导者面前，注意控场。

"看他有没有看你？他看你的眼神是怎样的？表情是怎样的？他是什么样的发型？穿什么样的衣服？"尽可能让受导者说出来，越说她就会越专注。

试着开始让受导者对着面前的人说："我们曾经有一段时间在一起，现在我们已经分开。在我们的关系存续的时候，我知道你已经给了我你能给我的所有的爱，我接受这一切。对我有用的，我会放在我的心里，对我有伤害的，我交还给你。同时，在我们的关系存续期间，我也给你做了我能做的。现在，我决定把你释放回你的人生，我要回到我的人生。我祝福你，我也希望你祝福我。"

"现在，想象你面前的这个人，他在往后退，接着慢慢转身离开，身影越来越小，直到消失。你愿意吗？"其实，这是一个剥离的过程。

如果，受导者在这个时候开始哭泣，不想让人家走，这种情况下你说："现在想象你的爸爸站在你的右肩后，妈妈站在你的左肩后，往后靠一靠感受一下，感受一下那份爱、支持和力量……（这里多停一些时间）。现在看着他慢慢地越来越远，越来越小，越来越暗。你有什么感觉？"如果来访者有孩子，可以把孩子放在她的右边，因为孩子是她的希望，用孩子增加她的力量，让她能够从痴缠的情感里解放出来。

二、技巧解析

这个技巧在处理已经分手或者离婚的案例时，效果很好，也可用于处理出轨案例。通过这个技巧练习，能帮来访者静下来，帮她清楚伴侣在她心里的重要性如何，然后再思考如何正确处理出轨事件，减少对彼此的伤害。大事要缓做，出轨不是婚姻的终结。当然也不要因为害怕失去，最后委曲求全，导致再一次受到伤害。

这个技巧无论用于分手、离婚还是出轨事件，辅导者都不做任何的道德评判。既不要给这个男人做评判，也不要给这个女人做评判。因为，这个时候所有的评判，都会影响来访者的选择。

所以，你即使看到出轨的人很可恶，人品有问题，先保留意见。因为你永远不知道，对来访者来说，什么是最好的。一定是她认为最好，才是最好的。你越能够让自己成为一块干净的"平面镜"，就越能够把案例处理地干净利落、不反复，真正地解决问题。

爱是解决所有心理困扰的良药，我没有用"问题"这个词，而是用"困扰"来表述。

就是这么简单的一个"爱"字，却要用一生去慢慢体会。书中列举的所有技巧练习，都会让大家体会到爱的流动，让爱在自己跟自己之间、自己跟他人之间流动，这就是"困扰"的解决方法。

亲密关系语录

- 人只有在关系中才能重构自己。亲密关系则是我们看见自己、成为自己的道场，是作为一个社会人必须经历的、重塑自我的场域。

- 建构亲密关系其实是一次自我重生的可能，也可以说，建构亲密关系是人的二次重生。这次亲密关系中的重生意味着，如果没有关系环境的养育，人就不可能成为一个社会意义上的人，更不可能成为自己。

- 在亲密关系中看见自己的最终目标是成为自己，但在此之前你必须建构好亲密关系的结构。因为亲密关系是我们每个普通人建构外部心理结构的最可行的路径。

图 3-24 跳好双人舞是一门学问

- 在爱情里最美好的不是两情相悦，而是在两情相悦中，你看见了最美好的自己。亲密关系真正的目的是要我们认识自己，并且疗愈过去的伤痛。

- 要创造成功和幸福的亲密关系，其中很重要的原则是不指责、无对错，取而代之的是学习亲密关系中两人之间动能的真实变化。

- 真爱的光芒照亮所有不真实的自我，为的是让自我被看见、被转化和被疗愈。

- 一个人就能让关系改变。当一个人改变，并且在生命中继续向前时，对方也会随之向前。

» 第四章　亲子关系与亲子教育技巧

解决亲子问题的三个步骤

假如一个孩子在学校出了问题，不想上学，他的父母带着他来找你做咨询，那么我们可以通过下面三个步骤来解决问题：

共情——修复创伤。

共情——改变父母。

切实——解决问题。

第一步共情表达是理解孩子的情绪、困难，甚至痛苦。可以跟孩子说"怪不得你不想上学，原来你是经历了这些"。只有这样，孩子才觉得自己被接纳，心理创伤才有可能被修复。

共情是解决亲子问题的重要一环，共情的方式每个孩子都不一样，你家孩子可能吃你那套，我家孩子不吃我这一套。我家先生在这个问题上，共情能力就很强，我家女儿就算是把白的说成黑的，她爸一定说："是，就是黑的。"黑的说成白的，她爸说："嗯，就是白的。"他绝对不会跟他女儿讲道理。因为女儿告诉他："我发泄完了，我自己知道怎么做，只是我有时候忍不住就想说说，就想哭诉一下。"女儿有时向她爸爸诉苦，会打一个多小时电话，无论她如何哭闹她爸都能接着，所以孩子跟爸爸的关系很好，也给了女儿足够的安全感。

有时候我觉得共情得差不多了吧，还是要再给她点一下正确的部分，结果我一开始说话，女儿就找他爸告状，先生就跟我说："你不要多说，宝宝什么都知道。"

但是，在孩子真的不知道某些重要道理的情况下，等她情绪好的时候，还是要让她知道的，因为父母都希望孩子志存高远，希望她更好；孩子知道了之后，闹就让孩子闹一闹吧。

第二步的共情是为了表达对父母的理解，可以说："我明白你们现在肯定特别着急，孩子已经不上学这么久了。"这样是为了跟父母目标一致，统一战线，无论是父母还是咨询师，其实目标都是希望孩子能够好，能够正常地生活、学习和发展。

第三步是要切实地解决问题，共情再好，再理解孩子和父母，如果现实问题不解决，孩子还是不愿意回到学校。这个时候要引导父母，帮助孩子来解决现实问题，比如，孩子是因为学业跟不上而不想上学，那就可以先帮孩子补习，等孩子跟上进度再鼓励他回到学校。父母除了在情感和心理上给予孩子支持，在现实中一定也要为孩子助力，提供切实的帮助。

亲子教育目标

亲子教育的最终目标是孩子的社会化，社会化包括了6个方面的内容。

（1）学习生活的基本技能，就是衣食住行方面的基本技能，孩子到哪里都能生活自理。

（2）学习谋生的基本手段，即有一技之能，能够通过自己的劳动创造财富。

（3）学习社会行为规范，能够融入社会群体，而不会边缘化。

（4）明确生活目标，即指导孩子建立正确的三观，成为社会所期望的人，同时体现自我价值。

（5）培养社会角色，无论孩子以后从事什么工作，担负家庭的任一角色，都能够被社会和家庭认为是合格的人。

（6）孩子的社会化需要家长在孩子小的时候就开始关注和落实。从社会化的角度教育孩子，家长和孩子才多踏实，少空无，少焦虑。

要实现孩子的社会化，首先是孩子要健康，其次就是孩子要有一技之能。

如果有人说："宝贝，咱们不用学习，爸爸妈妈挣的钱都够你用两辈子了！"我告诉你，这样做会把孩子毁掉，这就是"富不过三代"的原因。不管你家多么有钱，你多么厉害，一定要把孩子培养成一棵能够结果子的大树（见图4-1）。

图4-1　亲子教育的目标

这棵树的"树根"，就是整体健康＋一技之能。

这棵树想要茁壮地成长，离不开具有能量的"肥料"，肥料指的就是学习力、抗挫力、情商力和沟通力。

学习力。这项能力不仅是指孩子学习文化课的能力，也是指孩子在摔了一跤之后，知道下次如何不摔跤，能够长经验的能力。

抗挫力。现在的孩子普遍抗挫力不佳，是父母做了什么让孩子抗挫能力差的事吗？孩子刚学走路，摔倒了之后爬起来，他的抗挫力强不强？而父母却经常过度地保护孩子："宝贝，你小心点，别摔倒啊……"实际上，孩子比父母都要小心。一旦家长过度保护，孩子的抗挫能力就会变差，同时缺乏意志力，那孩子就很难获得成功。

情商力。这项能力决定了共赢的关系体系，就是让你的孩子成为受欢迎的人，到哪里别人都喜欢，他愿意跟他人互帮互助。情商力包括 5 个方面：自我认知、自我管理、自我激励、同理他人以及做好人际关系。

沟通力。这种能力就是表达自己，说话让他人懂和接受的能力。你会发现，幼儿园两个小孩子打架了，一个孩子伶牙俐齿，另一个说话支支吾吾，这时能够清晰地表达出来的孩子就更有优势，不容易受欺负；而支支吾吾表达不清楚的孩子，就会被他人误解。在职场中，沟通力也影响着我们跟周围的关系以及升职。

孩子要想真正成才至少需要做到以下两点：一是共赢的关系体系，也就是心里要有他人，能够让别人感觉到，和你在一起是能加分的、有正能量的；二是体现孩子的社会价值。什么是社会价值？我曾经做过这样一个比喻，你家有一颗价值连城的粉钻，周围人会有感觉吗？没感觉，因为跟他们没有任何关系。如果你拿出来让周围人摸一摸、看一看，即使你卖了不会分钱给他们，但他们会有触觉和视觉感受。如果你坚信你家孩子是块宝、是个人才，但如果对任何人没有用，对社会没有贡献，那么是不是也是一件摆设？又怎么可能获得成功呢？

《国富论》有句话："我们获取的食物并非来自屠夫、酿酒家和面包师的恩惠，而是出于他们的利己思想。"① 意思是一个人想要成功，心里要有他人，越多的人需要你，你就越成功。

现代父母的 5 个角色

父母的身份是老天赋予我们的，我们对孩子有养育的责任，但除了养育之外，对孩子还有教育的目标。既然拥有了父母的身份，父母就有义务来担负起这个重要角色，不要让孩子长大后，质问你："生下我的时候为什么不跟我商量？"

一、心理保健师

如果你常贬损孩子："你怎么什么都干不好！"那你肯定不是心理保健师；你当着孩子的面吵架："要不是为了孩子，早和你离婚了！"你也不是心理保健师；孩子在外面受了委屈，你没有第一时间维护他，反倒是先怪孩子："怎么人家不欺负别人，就欺负你？"那你也不是心理保健师。你有没有在孩子需要的时候给孩子心理上的接纳和支持？心理保健师懂得孩子的发展规律，在每个阶段以不同的方式爱孩子，给予孩子支持和

① 亚当·斯密.国富论 [M].高格，译.北京：中华工商联合出版社，2017：8.

力量，做孩子最坚强的后盾，让孩子有安全感，让孩子知道自己是块宝，是一个有价值的人，到什么地方、什么时候，都能挺直腰杆。

二、人生指导师

你是不是孩子人生路上的灯塔？即当孩子迷茫时，孩子愿意跟你倾诉，你会给孩子指明方向，让孩子继续前行。做孩子的人生指导师，就是为孩子树立正确的人生观。山西省临汾市一幢写字楼的墙外广告位张贴着钱学森、邓稼先、李四光、钱三强的海报，如果你带孩子看到了你会不会跟孩子讲解一番，告诉孩子要向他们学习，要为祖国做贡献？

孩子在成长的过程中，会遇到很多的诱惑和迷茫，在孩子的每一个人生节点，你能否给予孩子充分的信任？在孩子人生的岔路口，你能否给出有高度的指引？如果你做了，你就是孩子的人生指导师，这不是一朝一夕，而是一份长年累月的神圣职责。

三、学习好教练

当你的孩子对学习提不起兴趣，或是在学习中出现问题的时候，你该如何应对？如果你在这个时候，只是一味地指责或者讲大道理，孩子的学习动力会越来越弱，那你就不是一个孩子学习方面的好教练。学习好教练是你教孩子学习方法，提升孩子的学习兴趣，帮助孩子解决学习中遇到的问题，完成学习任务和目标。

下面做个测试，看看你是孩子的学习好教练还是学习障碍：如果你家孩子考试没有考好，你会如何处理？

第一种，虽然你嘴上对孩子说"没关系，这次没考好，下次努力就好"，心里却不自觉地想："活该没有考好。我让你好好复习你不复习，我让你平时用心学习，你就看手机，气死我了！"

第二种，先真心地抚慰孩子，等孩子情绪平静下来后，趁着孩子想要改变，跟孩子一起分析问题，切实地解决问题，查漏补缺，反思考试状态或者考试技巧，提升孩子的学习兴趣，促进孩子进步。

图 4-2　亲子教育的前提是父母对孩子的爱

第二种是学习好教练应当做的事，下次咱们都试试。

四、生活规划师

孩子的作息是否规律？既让孩子学习，又想兼顾运动，还想培养一些爱好，更要劳逸结合、不厌学……怎样合理地安排孩子的时间？一开始你就要帮孩子做规划，培养孩子好的行为习惯，这就是孩子的生活规划师。

五、爱好的培养人

我们除了眼前的苟且，还有诗和远方。除了学习，最好能够培养孩子一项爱好，这对孩子以后的发展很有好处。孩子长大以后，这项爱好会让孩子感到心安和心静。

既然是爱好，就不要功利，而且得是孩子喜欢的事情。家长只要配合和鼓励孩子快乐学习就好。

你可以给自己做一个检测，看看哪个角色做得比较好，又漏掉了哪些角色。

亲子教育中的三组思维

一、问题思维和结果思维

在亲子教育中，遇到问题时，我们要以结果为导向，建立结果思维框架，而不是只盯着问题。比如，孩子写作业时总是东张西望、边写边玩，你看到这些只顾生气，甚至对孩子发脾气，这就是典型问题思维。如果你看到这种现象时思考"我能做些什么让孩子认真写作业"，就是结果思维。

那么如何建立结果思维，及时解决问题呢？

你可以回答下面几个问题后再去处理：

（1）我现在很生气，生气的原因是什么？生气的原因是孩子写作业的习惯不好，我说了很多次也没有用。

（2）我生气的目的是什么？生气的目的让孩子看到我生气后，就能好好写作业，不再一边写一边玩。

（3）我用生气的方法效果长久吗？不长久，只管一时，过几天孩子又开始边写边玩了。

（4）除了生气，我还有其他方法让孩子认真写作业吗？有，我可以陪他一会儿，让他安静地写作业；我还可以建议孩子把作业任务切分成小块，用番茄钟计时，做完后，就可以休息一会儿。

按照这个思路引导自己，你慢慢就会形成结果思维，遇到问题不再抱怨、生气，而是积极解决。

问题思维只会让事情变复杂，伤害亲子关系，伤害孩子学习的积极性。问题思维的人看到的全部都是问题，就会觉得："我好可怜，我好倒霉，我无能为力。"而结果思维是："对于这件事情，我能做些什么，让我的孩子认真学习？"这时候你会发现，你是可以做些事情的，而且总会找到办法。其实亲子教育就是跟孩子斗智斗勇的过程，孩子是斗不过家长的。虽然，孩子可能会矫情、不乐意、逆反等，但你的方法还是比孩子要多的，就看你愿不愿意动脑筋。

目标只要确定，你会有无穷无尽的方法，特别是教育孩子时。如果觉得无能为力，这只能说明你的头脑里装的东西不够了，需要学习新的东西；或者是头脑里面的东西你还没有启用；就算你真的无能为力，你还可以选择借力，借别人的东西装到你的头脑里，或者借他人的力量帮你。这就是在解决孩子的问题时候，需要秉持的态度。

二、狗咬思维和金牌思维

什么是狗咬思维和金牌思维？

假设大家都能跑步，而且可以跑 5 公里，我现在对大家说："谁现在出去跑 5 公里，我就奖励 500 元，谁去？"

有人说"我去"，然后开开心心地去跑步。即使中间遇到困难，但当他想到坚持跑完就能拿到 500 元，便会及时调整心态，坚持跑完 5 公里。当他拿到 500 元时，感到很开心、很有成就感，觉得自己真的很厉害。

另一些人说："我不去。""为啥？""钱太少了，不值。"

你不跑？那让几只狼狗在后面追你，你会跑吗？如果你害怕狼狗，你就使劲跑，结果你比那些主动跑的人跑得还快，可是你在整个过程及最后的结果中，你并没有感觉到快乐，因为你一直想的就是如何不被狗咬到，觉得自己好辛苦。这就是狗咬思维。

好，现在你思考一个问题："教育孩子健康成才，是你的选择还是不得不？"

如果你肯定地回答："是我的选择，因为孩子是我们爱情的结晶，生下他来，我们就要尽父母的职责让他以后过得开心快乐成功，所以我要积极学习，帮助孩子成为最好的他自己。"——恭喜你，你是金牌思维。你把孩子培养成健康成才的孩子就是你的金牌。

如果你的回答是："不得不啊，谁让我生了他啊。不让他好好学习，让他以后啃老啊？再说了，他学习不好多丢人，我还要面子呢！"那你就是狗咬思维，你在教育孩子中，就很辛苦，尤其是当孩子出现不良行为时，你就会很生气，甚至觉得自己命好苦，怎么就遇到这样的孩子。

人有三个天性，分别是追求快乐逃避痛苦、趋利避害、希望自己的明天比今天更好。在你追求自己目标的路上，只要有一点点的突破，你就会产生成就的愉悦感，身体就会自然分泌内啡肽，它是一种让你能够感觉到深层愉悦的一种激素。这份喜悦就又符合了人们追求快乐、逃避痛苦的天性。最后，在不断地享受这份喜悦的过程中，你已经登到了顶峰。因此，你会发现成功的路径，永远不是辛苦的，成功永远是轻松快乐的——这就是金牌思维能够达到的结果。

但是，如果你不知道自己想要什么，那么你每走一步，只能算得上是摆脱了一种痛苦，而体会不到任何成就的愉悦感。即便获得了所谓的世俗层面的成功，你依旧会认为人生真的好苦，人的一生简直就是来受难的，你并不想成功，都是被逼的。这种人生的苦，源于你根本不知道你要什么——这就是狗咬思维。

所以，你可以通过了解自己，了解社会发展的趋势，多和有觉知的人在一起，多和自己潜意识沟通，不断地明确你到底想要的是什么，然后加上你的天赋，加上你所学的心理学的这些知识和技巧，再加上一些人情世故的知识，朝着你的目标走。这样一来，你每突破一个困难，就有一份成就；每突破一个困难，就会有一份成长；每上升一步，就能够体会到一份成就的愉悦感。

三、存量思维和增量思维

穷爸爸和富爸爸的区别在哪里？孩子想要买一双价格不菲的鞋，富爸爸会说："好啊，咱们想办法挣钱来买！"穷爸爸会说："咱家就这一点钱，买不起。难道鞋能当饭吃啊？"前者是增量思维,会想争取更多财富来达到目标;后者是存量思维,只看到眼前自己拥有的,担心花完了就没有了,只会想着如何节省。

一个人的格局取决于心量。你是增量思维还是存量思维,决定了你的格局的大和小,决定了你的眼界,也决定了人生的品质和高度。

人的一生都在不断地选择,而选择的基础就是你的思维模式。家长的格局,决定着孩子的高度。当你真的选择对了,你会发现机会很多,你会发现天地真的很广阔。

练一练:大家多读多下面的话,体会一下不同思维不同感受(表4-1)。

表 4-1 结果导向、突破困境的说话技巧

困境的话语	突破的话语
这些事情太复杂了!	我们可以去找一个新的角度去看它。 我们可以试着把它拆细了去做处理。
时间不够!	我们可以重新评估事情的重要性。 我们如何做可以提高效率?
我不知道应该做些什么?	我的现在最需要的是什么? 这就是我们的目标。
我次次都失败!	我们怎样才能找出新的做法? 我们怎样才能从那些教训中学到经验?
我没有钱。	我们怎样做可以增加收入? 我们可以在某些方面节省一下?

父母帮助孩子的三个方法

一、因材施教

现在，很多的学校会在高中阶段，为学生进行霍兰德职业性格测试。通过测试中所提供的 6 大职业方向，来判断出孩子较为适合从事的职业方向。我家孩子是第一届"3 加 X"，也就是 2020 年高考的那一届，他们在选科前做了霍兰德职业性格测试。俗话说："三百六十行，行行出状元。"找到孩子适合的职业道路，不要一条道走到黑。

因材施教主要关注两点：一是按孩子的性格特点选择合适的教育方式；二是根据孩子的天赋才能，因材施教，帮孩子成为最好的自己。

二、自我学习

现在的孩子智商、情商都高，而且外在大环境千变万化，所以家长已经不能只用自己认为的好方法教育孩子了，需要不断地自我学习、丰富头脑、更新知识，掌握更多正确的教育孩子的方法，这样才能促进孩子的成长。

不学习不改变、还不愿放手的家长，不仅不能成为孩子前进中的动力，反而会成为孩子成长中的障碍。当孩子进入青春期后，亲子关系往往会变得紧张。

三、善于借力

让专业的人干专业的事。自己没有时间、没有精力，或者没有办法了，就请专业的人来帮你。要敢于借力，有时借力反而是最省时省力高效的方法。通过这三个方法，就可以帮你达成你的教育目标（见图4-3）。

图4-3 父母帮助孩子的三个方法

12—18岁的5大课程

一、找出怎样适应世界的方法

我是谁？我想要的是什么？我如何在社会上立足？孩子在这个时候要找到适应这个世界的方法。家长要鼓励孩子多接触社会，多参与公益活动，加深对社会的了解，学会付出，这样孩子定位的范围就会很广。同时，家长还可以用霍兰德职业性格测试来进行辅助判断。多听孩子聊一聊他们的想法，需要时可以提供相应的材料，供孩子参考，并在规划方面提供相应的建议。这一点如果家长把握不准，可以咨询专业人员。

二、接受自己生理上的变化

进入青春期后，孩子的第二性征出现，这时孩子们能够正确认识并接纳，就会减少孩子对自己自然性别的不接纳。虽然现在的孩子抗拒生理上的变化的比例小，但是却有向相反方向发展的趋势。

虽然现在性教育在广泛提倡，但有些家长对孩子的性教育还是不足，有的孩子很难接纳自己的第二性征，尤其是在偏远地方，一些女生不能接纳自己乳房的发育，有很强的羞耻感。她们会用很紧的布条把它给捆住，或者穿很宽大的衣服来进行遮盖。她们不想让周围人发现自己的身体开始发育了。家长也会过度担忧，觉得女孩子长大了，要防范危险，等等。

还有的孩子，容易混淆自然性别和社会性别，以至于后天成为同性恋。需要明确的是，孩子有选择性向的权利，这是社会的进步。

三、界定自己对于异性的身份

由于生理和心理上的发育，青春期的孩子们开始对异性产生好奇心。这份好奇包含生理和心理上的好奇。

他们关注异性，同时会思考："异性喜欢怎样的我？我喜欢怎样的异性？"有的孩子也会出现"假性早恋"的现象。我为什么用"假性早恋"这个词呢？因为这个时候，孩子未必是真的早恋，而是受荷尔蒙影响，或者大家起哄，就把两个人推到一起了，这些都是"假性早恋"，家长不要过度担心，否则会弄假成真。

作为家长，在这个时候要摆正心态。比如，有个家长说她的孩子在幼儿园就有两个喜欢的女生。她说："宝贝，你怎么喜欢了两个女生？"孩子说："妈妈，我这个是算少的，还有人喜欢好几个呢！"再后来，到初中、高中时，她的儿子都有喜欢的女生。这种算不上真正地谈恋爱，就是一种好奇，这也是孩子成长和发展的必然。所以，不要让孩子羞于谈论这些，他主动来和你谈，你就开开心心地听着，之后再偷偷地影响、引导和探讨一下他应该找怎样的人，说几句就足够。现实中，在初中、高中就恋爱成功的例子几乎没有。不要因为过度担心，反而弄巧成拙、弄假成真。

四、界定在同性和同辈里的身份

在这个阶段，同性同辈对孩子的影响是很大的。很多孩子可以为自己的伙伴两肋插刀；有的把家里的钱偷着拿出来，给伙伴们花；还有的两个人打架，最后演变成群体打架……这些都是这个阶段容易出现的情况。

因为在这个阶段，孩子想要建立在同性和同辈里的身份：是个参谋，是个领头羊，还是个跟屁虫？如果孩子能够在这过程中建立起很好的感情，对其以后的发展也有好处。家长要尽早教会孩子，如何选择朋友。

好多女孩儿早恋，是因为爱不足。因为对方给的一瓶水、一碗面，就盲目地恋爱了。男生如果在家里感受的爱不足，得到的否定多，他就更愿意依靠群体，也大概率会被群体所接纳。如果是一个好群体，没问题；如果这个群体不好，孩子们可能会受影响。因此，在孩子的逆反期，家长要耐心地陪孩子度过，给予他们一些必要的引导。

五、确定人生应怎样过

这个阶段的孩子，只需要达成一个目标、一个关键点，就是角色统一性，即孩子需要知道"我是谁、我想要的人生是什么、我如何在这社会上立足"等。

如果青春期孩子解决了这些问题，到了大学就不会因为老师和家长不再盯着管了而放任自己，糊里糊涂浪费大学时光。这个时候，孩子所谓的"逆反"是在求证，在求证的过程中，不断确立自我的概念。孩子的逆反再正常不过，当然，不逆反完全可以。俗话说："哪里有压迫，哪里就有反抗。"有些人压力大，反抗情绪大，形成逆反；有些人压力小，孩子可能就没有反抗，就不逆反。最终的目的，都是经过自我探索，形成自我统一性（图 4-4）。

图 4-4　12—18 岁的 5 大课程

"三足鼎立"做好亲子教育

父母的心有多大，孩子的路就有多宽；父母的高度，决定着孩子学习的态度。

父母能够看到社会发展的趋势，给孩子订立更高的目标，或者家长给孩子输入一些更高的认知，孩子学习肯定就不仅仅为了找一份工作，而是希望能够实现自身价值，为他人为社会做更多贡献。

那如何能够达成孩子健康、成才、不自私的教育目标，我总结了一个模型，"三足鼎立"做好孩子教育。

一、健康力

当我问家长们你希望要一个怎样的孩子时，大家的答案里都有"健康"一词。想培养健康的孩子，就要提升孩子的健康力。

健康其实是一种能力，是一种从小在潜移默化的过程养成的能力，比如，管理情绪让自己乐观的能力、知道如何锻炼让身体健康的能力，等等。健康包括了 4 部分：生理健康、心理健康、社会健康、精神健康。

身体健康，顾名思义，指的是孩子身体健康，有健康的体魄。本章要着重强调的是心理健康和社会健康。

心理健康的内涵是：悦纳自我，跟社会契合和和谐。什么是悦纳自我？就是孩子能够发自内心地认可"我是块宝"，全然地接纳自己。不会时时刻刻用完美的标准套自己，更不会在套不上的情况下，责怪自己、伤害自己，不允许自己有任何的不足。第二是能够与社会契合和和谐。自身之外的人、事、物都是我们的社会，孩子也是我们社会的一部分。跟社会契合和和谐就是指跟那些我们改变不了的人、事、物，不对抗，而是适应、接纳到相融的过程。

社会健康也称社会适应性，指个体与他人及社会环境相互作用并具有良好的人际关系和实现社会角色的能力。有此能力的个体在交往中有自信感和安全感，与人友好相处，心情舒畅，少烦恼，知道如何结交朋友、维持友谊，知道如何帮助他人和向他人求助，能聆听他人意见、表达自己的思想，能以负责任的态度行事并在社会中找到自己的位置。社会健康能让我们生出一份智慧，从顺势、借势到造势，跟他人 / 社会形成共赢的关系体系，做到愿赌服输、任劳任怨。

精神健康，我个人更愿意把精神健康解释为一个人"有所为而有所不为"的生活态度，精神健康已经超越了现实中的小我，让我们能够在更高维度看自己，支持自己走出属于自己的独特之路。

那如何培养孩子的健康力呢？主要教大家三个技巧：爱、运动、夸。

1. 爱

父母关系对孩子的影响伴随终生，显得尤为重要。我利用家庭系统排列，让你看到什么是亲子关系的正确序位。

（1）亲子关系的序位。

● 父母给予，孩子接受——无条件的爱和支持。

亲子关系的正确序位是：父母给予，孩子接受。

首先，不论是东方的文化还是西方的文化，女人怀孩子、生孩子、哺乳孩子的时候生产力就会下降。对于一个家庭来说，在这个时候，父亲就更加应该保护家庭，所以在家庭系统排列时，通常把男人放在引领的位置。心理学把男人放到女人右手的位置，右侧为引领的位置，左侧是跟随的位置。爸爸妈妈站在孩子的背后，孩子背靠着爸爸和妈妈，想走就能自由地走，想靠就能靠。爸爸妈妈对孩子说："虽然你一半来自爸爸，一半来自妈妈，但是你是独立的个体。宝贝你大胆地往前走，去做你想做的事、该做的事。你想靠就可以靠，想走就可以走。当你遇到困难和挫折的时候，父母会在后面接着你。"

家族一定是上一代把生命、爱、支持和力量传给下一代的。孩子得到的是无条件的爱和支持，就能够从原生家庭中获得足够的力量。

图 4-5　健康的亲子关系要符合家庭中爱流动的方向

● 亲子之间的不平衡，无法平等——包括生命和伤害。

除了生命之外，父母还对孩子提供很多其他的东西：关心、生活上的支持或者欠缺；优良和恶劣的生存环境；好或不好的机会。这些都是孩子无法回报父母的给予。

年幼孩子对亲生父母的爱，使他们对于父母给他们的上述种种，盲目地接受，孩子甚至想要通过模仿父母去肯定与父母的连接，孩童幼年时的模仿父母行为便是证明。成年后，这份爱仍然会在他们的内心里运作，在家庭关系中扮演重要的角色。

由于这份爱，孩子甚至会使自己无意识地跟随着父母去受苦，如此，父母的不幸被延续下去。

在很多情况下，孩子是处在不平等的状态之中。有的孩子会说："这个生命并不是我想要的，现在你们对我不好，我把生命还给你们。"他能还得回去吗？父母在孩子小时候对他造成了伤害，现在父母老了，他会想该收拾他们了。当一个孩子总想着要等父母老了收拾父母，那他几十年的日子都活在痛苦之中，这是多重的代价啊。

有这样一个案例：爸爸妈妈是企业家，女儿住着父母给买的别墅，过着优渥的生活，但现在女儿开始找爸爸妈妈算账："为什么在我小的时候，把我送到爷爷奶奶家？爷爷奶奶对我很不好，我宁可咱们家穷得不得了，也不愿当时把我送到爷爷奶奶家。"原因是当时爸爸妈妈要下岗了，他们只能靠推销产品，维持这个家。两人都要频繁出差，无奈之下只能把孩子送到爷爷奶奶家，谁也没想到爷爷奶奶会对她不好，但是孩子现在就来算这笔账，一直痛苦地背着这个包袱。

无论生命还是伤害，父母给予我们都无法追求平等。放下过去，才能过好现在和未来。

● 当孩子就是孩子、父母就是父母时，爱运作得最好——孩子养不好孩子。

孩子批评父母、拒绝接受父母等的心态与行为，无论现实生活里的事实怎样，都会使孩子感到不完整和空虚、被动、无力和沮丧。如果父母处理不好跟原生家庭的关系，自己还是个孩子，没有从原生家庭中真正独立，就可能在伴侣满足不了自己的心理需求时，向孩子索取爱。心智不成熟的父母像个孩子，而孩子永远养不好孩子。父母给孩子最好的爱，就是成为成年人的父母、成为心智成熟的父母，在这之后才能把孩子养好。

那我们回归到亲子关系的正确序位，父母要接受：给了孩子生命，孩子未必会领情；养了孩子，孩子未必会养我们。孩子也接受：曾经确实受到了一些创伤，但那是父母以当时的能力和水平，能做到的最好程度。孩子站到父母的前面，即孩子就是孩子、父母就是父母，这样亲子关系才能运作得更好，甚至当父母已经伤害了孩子，孩子也可以说："你们是我的父母，在你们里边的一切也都在我的里边。我承认、接受你们是我的父母，也接受你们对我为我做过的一切。我接受我应该负担的结果，接受所有你们给我的好的事情。你们所做的事情的责任，我信任并且让你们负担，并且相信你们会以你们认为适当的方式处理你们自己的命运。"

当你不能够给予孩子爱的时候，要考虑你和父母的关系。你没体会过爱，你就很难表达爱，但是你不能跟孩子说："我爸我妈都没给我爱，你还想要爱？等着去吧！"千万别这么说，你这样说了，会更感觉无力，孩子也会受到伤害。那怎么办？你要修复和疗愈自己，让爱在你心里流动起来，让孩子能够感受到你给他的爱、力量和支持。

错误的亲子关系有下面几种。

第一种，父母让孩子面对着自己，对孩子说："你不能跑远了，爸爸妈妈要是没有你的话会很孤独。""你要听爸爸妈妈的话，这个不能做，那个不能做……"这样的亲子关系会限制孩子的成长和发展。

第二种，父母把孩子夹在中间位置，父母吵架，找孩子评理，跟孩子说对方的不好，当孩子的面吵架打架，还把孩子当个小宝，都是把孩子夹在中间，这样的亲子会让孩子无法做自己，无法全身心投入自己的生活和学习中。

第三种，父母跟孩子说："养儿就是为了防老，你现在要好好学习，我们的后半辈子就靠你照顾啦！"大家听到这话累不累？

第四种，父母把孩子当工具，以孩子作为筹码胁迫另一方，这种亲子关系就是把孩子当成了工具人。

这四种错误的亲子关系，孩子都得不到无条件的爱，会影响到孩子的心理健康和以后的发展。

（2）亲子关系中伤害最大的几种模式。

● 孩子拒绝按照父母本来的样子接受他们。

孩子有这样的想法："我是这棵苹果树上长的苹果，但是，我不接纳我是苹果，也不接纳这棵苹果树。"孩子不能接受父母真实的样子，希望父母是自己理想中的样子，但这是不可能的。活在这种想法中的孩子，会很痛苦。

● 父母想给予孩子的、孩子想接受来自父母的具有伤害性的事情。

孩子都希望家庭完整、父母关系和谐。父母一吵架，一方就找孩子让孩子去协调，这种做法对孩子不好，因为父母把自己的责任转嫁给了孩子。还有的夫妻离婚了，离开的一方不付生活费，家长会让孩子去要，这对孩子的伤害也很大。

● 父母与孩子的角色颠倒。

父母想要从孩子那里索取，孩子想要给予父母一些不应该是孩子给予父母的东西。

有一个案例，来访者是一位男士，他的母亲去世得早，母亲去世后父亲找了一个老伴，为了讨好这位新老伴，父亲对儿子说："老家的房子旧了，你给我盖新房子。"儿子心疼父亲，就给父亲翻盖了新房子，但过了 3 年多，父亲又给儿子打电话："老家的房子住不了了，你在县城里给我买套房，不然我就到你单位去闹。"儿子跟父亲沟通无效，把自己还在还贷的房子卖了，在县城给父亲买了新房子。他的女朋友也因为他父亲的为人最终和他分手。像这种情况，就属于父母想从孩子那里索取，孩子不得不给予，造成了父母与孩子的角色颠倒，孩子反而像是父母的父母，孩子就会无力而疲累。

还有，俗话说"父债子还"，即父母的债务需要孩子来承担，对孩子来说这都是非常沉重的事情，会影响到家族向下发展。

在现实生活中，如果我们看到有人的家庭出现这种事情，大家都会同情这个孩子，觉得这个孩子很可怜。

● 孩子被父母双方或者一方当成了工具。

有位来访者是女士，哭诉说："我老公知道孩子是我的软肋。他一直威胁我说，离婚可以，但孩子必须归他。我知道他不会好好照顾孩子，他不会因为离婚而改变现在暴力的行为，所以为了孩子不受苦，我一直凑合着跟他过，没法离婚。"她老公的做法，就是把孩子当成了阻挠妻子离婚的工具。被如此对待的孩子，受着父母不良的影响，并没有被尊重、被无条件地爱，他没有办法过得更好。还有的夫妻，第一个孩子在身体或者是心理方面有问题，就生了第二个孩子，希望第二个孩子以后照顾第一个孩子，这对第二个孩子是很不公平的，使孩子一出生便背负着十分悲惨的命运，但社会有很多类似的事情。

● 父母对待孩子不能一视同仁。

比如，有的家里有两个孩子，在二宝出生后，虽然手心手背都是肉，但有时候父母无意识地多照顾了二宝，老大就会产生这样的想法："我就是不被爱的，好像我就是多余的。"只要爱打了折扣，就会影响到孩子的心理健康。如果这个孩子外向一点，自己可能还能硬扛过去，但凡孩子情感丰富一点、内向一点，父母无形中就给他造成了伤害。

● 父母在家里或者外面没有保护孩子。

这是发生在身边的一个案例：这位女士和她闺蜜带着各自的女儿一起玩的时候，闺蜜的女儿抢了女儿的东西还动了手，女儿哭了，女士却劝女儿大方一点，不要这么小气，而闺蜜也没有批评自己的女儿，反而说："哭能解决什么问题？你应该想办法解决问题。"可想而知，孩子一定不会理解妈妈的话，认为妈妈不保护自己，还任由阿姨说自己。后来这位女士反应，回家后女儿说妈妈不爱她，不如那个阿姨对孩子好。

正确的做法是什么呢？应第一时间把女儿搂到跟前，听女儿说说事情的经过，然后告诉另一个小孩，如果她想要女儿的东西可以跟女儿商量，但不能抢东西，更不能打人。这时候不要太在乎大人的面子而伤了孩子。

在外面一定要第一时间保护自己的孩子。因为在这个世界上，唯一能够保护孩子的就是父母。如果你不这样做，孩子会说："爸爸妈妈，好像你们爱别人更胜于爱我。别人都有爸爸妈妈在保护，然而你们却在保护别人的孩子。"当孩子这样说话时，她其实已经受到了伤害，她在心里真的感觉父母不爱她。她会很委屈、无助和无力。

图 4-6   爱孩子的基本表现就是保护孩子

（3）父母教养孩子的 6 种方式。

- 忽视型的教养

忽视型的教养方式，包括父母没有时间教养孩子、父母跟孩子没有太多的情感交流而只是满足物质的需求。忽视型的教养方式，容易造成孩子感受不到父母的爱和温暖，出现"爱的联结"中断，长大后可能出现不会爱他人、不断找爱、形成"我不是宝，是根草"的内心感受。

- 专制型的教养

专制型的父母对孩子的控制，可以说是无孔不入，包括要怎么走路、怎么穿衣服、不能跟谁交朋友等，各方面都要干涉。专制型的父母会说："你怎么能跟他们交朋友呢？都跟你说过多少次了，不能跟这些人交朋友！"父母这样做会导致两个极端，要么孩子变得很软弱，要么孩子变得很暴虐。因为哪里有压迫，哪里就有反抗。

孩子从小到大的成长过程，就是能量聚集的过程。如果父母一下把他"捏死"了，他就怂了；如果没有"捏死"，反抗的力量出来之后，他就会变得很暴虐。

- 民主型的教养

爸爸妈妈共同站到孩子的背后，对孩子说："我们帮你成为最好的自己。你虽然一半来自爸爸，一半来自妈妈，但是你是个独立的个体。宝贝，你大胆地往前走，去做你该做的事。当你遇到困难和挫折的时候，爸爸妈妈在后面接着你呢。"民主型的教养方式是有底线的，在底线里面，尊重孩子的天性和天赋才能，给孩子足够的自由和权利按照自己的想法做事。

- 保护型的教养

父母把孩子放到中间，用手护着孩子，不让孩子经历不好的事情；或者把孩子放到前面，让孩子面对着自己，让孩子不要去冒险；还有一种把孩子放在父母身后，舍不得孩子承担责任，舍不得放手孩子做他该做的事情。保护型的教养方式限制了孩子的成长，导致孩子不能走出家门，那这个家族的未来发展是没有希望的。

- 放纵型的教养

正确的爱是无条件的，但是要有底线、有原则，不能出圈。放纵型的教养是没有底线、没有规则了。放纵型的教养没有养成孩子遵守规矩，及跟他人之间友爱相处的交往模式。这样的孩子以后在社会上往往会吃亏，不利于孩子更好地融入社会。溺爱是一种有毒的爱，无条件、无底线、无原则，被溺爱的孩子长大后可能是"纸老虎"，也可能是眼中无人的自大狂。

有时我会给父母强调："如果咱家孩子以后因为某些不良

行为在社会上被打巴掌，那这个巴掌最好咱们在小时候就先打了，给孩子养成良好的习惯。因为别人打咱家孩子时，是没有轻重的。"

● 控制型的教养

控制型教养也可以称为协作式教养，即父母会帮助孩子做规划，鼓励、监督孩子好好学习，养成好的习惯，目标只有一个，就是希望孩子以后更好。但既然称为控制型教养，就是指父母是从自己的认知出发，认为什么对孩子好，他们就会怎么做，大方向由他们来控制。比如，父母认为学经济有好处，但孩子喜欢艺术，他们就会说："学艺术没有发展前途，你还是学经济，以后好找工作，生活稳定，不会没饭吃。""我这都是为了你好！"，至于孩子喜欢不喜欢，工作之后了再说。

专制型教养跟控制型教养的区别在于：专制型教养是一切从父母的喜好出发，对孩子没有任何尊重；控制型教养是从为孩子未来好出发，对孩子进行父母认为好的管理（见图4-7）。

忽视型教养模式 ❶　❹ 保护型教养模式
专制型教养模式 ❷　❺ 放纵型教养模式
民主型教养模式 ❸　❻ 控制型教养模式

图4-7　父母教养孩子的6种方式

（4）让孩子感受到爱。

爱是具体的东西，比如，给孩子一个微笑、一个拥抱、一个牵手、一个眼神、一句肯定、一句谢谢、一句关怀、一个举高高、一个摸头杀等，都是让孩子感受到爱的方式。

（5）爱孩子的两个基本点。

爱孩子的两个基本点是自由、规则。自由就是接纳孩子本来的样子，允许孩子呈现真实的自己，在一定范围内做自己想做的事情。规则包括了家规、社会规则、国家的法律法规等，所谓"没有规矩不成方圆"。允许孩子在天空自由地翱翔，同时又要有敬畏规则的意识（见图4-8）。

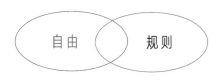

图4-8　爱孩子的两个基本点

（6）爱孩子的三大黄金信念。

给孩子一个经得起外面狂风暴雨的温暖的家庭环境，就要处理好夫妻之间的关系，让孩子在舒适、轻松的环境下健康成长。

第一大信念，父母的高度决定了孩子的起点。记得曾经跟北京师范大学的李强教授谈名牌大学里的天才孩子，李强教授说："很多的天才，不是孩子是真的天才，而是他们的父母觉知早，动手早，给孩子的教育和开发早。"孩子出发点就是父母的认知的高度，你如果真的希望孩子更好，就要不断地学习和精进，提升自己的认知高度，让孩子的教育少走弯路，少走岔路。这就是对孩子的负责和爱。

第二大信念，建立轻松和谐的家庭关系。家庭关系是家庭教育的基石，"亲其师而信其道"，孩子跟父母的关系好，才会多听父母的教海。夫妻关系好，孩子才能安心做自己的事，所以家长要教育好孩子，首先要学会处理家庭关系。

第三大信念，比学习成绩更重要的是培养孩子健全的人格，让孩子成为一个正常人。健全人格的理想标准就是人格的生理、心理、道德、社会各要素完美地统一、平衡、协调，使人的才能得以充分发挥。健全人格，也就是对自身的一种认识是否正确，对自己奋斗的目标是否明确。悦纳自我＋跟社会契合和和谐，这是心理健康的两个标准，让孩子先成人，再成才。

请大家记住：有质量的爱才是滋养的爱，爱一定要有质量。

小贴士：亲子对话练习

孩子：

妈妈／爸爸，你爱我吗？

妈妈／爸爸，如果我做得不够好，你爱我吗？

为什么？

家长：

孩子，妈妈／爸爸爱你！

孩子，你做得不够好妈妈／爸爸依然爱你！

因为你是我的孩子

---

2. 运　动

运动是促进身心健康、减轻压力、促进大脑机能的最安全、最经济的方法。我处理的很多孩子出现心理问题，都和运动跟不上息息相关。

图 4-9　培养健康的孩子就要帮孩子养成运动的习惯

这里的"最安全、最经济"指的是不伤人又经济实惠的方法。比如，一个毽子、一根跳绳就可以让孩子玩上很久，充满乐趣又能起到运动的作用。

另外一种我很推荐的方式就是冥想。冥想能够开发孩子的潜能、提升孩子的专注力，而且能够让孩子身心平衡，也是个很好的减压方式。那如何帮孩子学会冥想，养成冥想的习惯呢？

第一步：家长可以下载几段时长 15 分钟左右的冥想音乐，在后面带领孩子冥想时，让孩子选择。

第二步：选择冥想的姿势。可以让孩子躺着冥想，也可以坐着冥想。个人建议，如果是白天冥想，可以坐着冥想；如果晚上睡觉，可以躺在床上冥想。

第三步：刚开始让孩子冥想的时候，家长可以配合一下。如果孩子是躺着冥想，家长可以坐在孩子旁边，将手放到孩子的胳膊上，让孩子感受到安宁然后静下心来。让孩子坐着（也可盘腿），把你的手放在孩子的大椎位置，即脖子跟肩膀交接处（支持位置），要坐正，背后可以垫个小垫子或者毯子等，能保证身体是直的，又随时可以倚靠。播放冥想音乐。

特别是孩子到了高三，学习压力大，累了的时候做一会儿冥想，能起到很好的减压和休息作用，而且有助于让孩子更加专注。从高二的时候开始，就可以逐步培养起孩子的冥想习惯。一般情况下，练上 15 分钟到 30 分钟，慢慢养成习惯。当他感到压力大或者到了高三的时候，应该会很好地帮助到他。

小孩子做冥想更容易，如果能从小培养起来，会让孩子终身受益。

图 4-10   冥想可以帮助孩子开智和减压

冥想能让我们专注，让我们静下来跟自己在一起，其实我也特别建议成年人多做冥想。曾子曰："吾日三省吾身。"给自己一个跟自己在一起的时间，就能够起到"不忘初心、方得始终"的作用。

3. 夸

为什么要多夸孩子呢？因为孩子的健康，最重要的是心理健康。心理健康的第一点，就是悦纳自我。怎样才能界定"是块宝，还是根草"？首先是家长要告诉孩子，他是块宝。让他从最直接的身体接触，比如抚触、拥抱、亲吻，或者是语言上的赞美和肯定，多方位感受到爱。

所有父母都要练习拥有一双慧眼、一张会夸人的嘴。只要看到孩子的良好行为，就要真诚地、发自内心地夸奖孩子，这就是赞美。

夸和赞美会不会让孩子骄傲、翘尾巴？如果你能理解夸和赞美的真正含义，答案就是：不会。

什么是夸和赞美？把我们认可的部分表达出来就是夸和赞美！夸和赞美要真诚和真实，不要虚假敷衍，也不要心口不一。

如何正确地夸孩子？下面教大家 5 种夸的方式。

（1）标签式赞美：孩子特质＋赞美。

什么是标签式的赞美？下面我给大家讲一个故事。

有一位二年级的老师，她想知道怎样夸学生会让学生真正地越来越好。她把班里的孩子分成两组，分别放到不同的教室做对比。她提前准备了三级不同难度的搭积木活动。

第一级是一年级难度的，让两组同学自己搭。当两组同学都做完后，她一检查发现所有孩子都搭对了。她到第一组同学的教室这样夸："小伙伴们，你们真棒、真聪明，你们看看你们都搭对了！"然后到第二组的教室："小伙伴们，你们的积木都搭对了，老师刚才看到所有的小伙伴都在非常认真地、安静地、积极地动脑筋搭积木，恭喜你们！"

第二级是二年级难度的搭积木。这时老师发现第一组学生都很兴奋，搭积木的速度很快，教室里学生们的声音都很大，有的学生搭不对就有些着急。第二组的学生比第一次活动更安静，无论是否遇到难题，大家都在积极动脑筋做尝试。

第三级难度是三年级难度，第一组的学生中有的学生已经开始不耐烦了，甚至有的学生在发脾气摔积木。而第二组的学生中，即使有的孩子已经看出很着急，但大家都还在坚持，在尝试，没有出现太多的躁动行为。

这个对比实验就是很好的贴标签实验。家长们给孩子们贴标签时，不要贴一些天生的、难以改变的标签，比如，你真聪明、你真帅、你真好看、你真乖，而是要贴一些有利于孩子未来发展的性格、品质方面的标签。比如，"孩子，你是一个善良而且很重感情的孩子，妈妈看到你总是帮助班里的同学，不怕辛苦，不怕劳累，爸爸妈妈都为你骄傲。"善良、重感情、愿意帮助同学、不怕辛苦、不怕劳累等都是品质方面的标签，有利于孩子未来跟他人之间的相处。不要怕孩子帮助他人吃亏，以后长大了一定朋友多，帮助他的人也一定多。

（2）请教式赞美：孩子优势＋请教。

我家孩子小的时候，在看说明书这方面很厉害。家里买了相机之类的产品，她就会跟着爸爸一起看说明书，练习操作。我比较懒，有时姐妹送一些国外带回的化妆品，我就会找她帮我看化妆品的说明书。我去请教她："宝宝，你帮妈妈看看这个说明书，这个东西该怎么用？妈妈看不懂。"请教孩子的优势特长，会让孩子感觉自己很有价值、很能干，可以提升孩子的自信，但咱们也不能把孩子的优势当作总使唤他们干活的理由，时间长了，孩子反而会讨厌自己的优势，效果适得其反。

（3）对比式赞美：个人感受＋之前对比＋赞美。

公式：孩子你以前在哪方面已经很好，现在更好。这个更好可以是同一方面，还可以是叠加方面。

比如，"宝宝，妈妈有你真好。以前妈妈看到你会把自己的牙刷、牙缸洗得很干净。刚才妈妈发现你还把弟弟、爸爸妈妈的牙刷和牙缸都洗得那么干净。"说完可以抱一下、亲一下。不要多说，配合肢体动作，孩子的感受会更好。对比式的赞美，可以让孩子切实感受到，自己有一点点的进步和提升，爸爸妈妈都能看到。所以，父母要有一双慧眼，不要觉得孩子所做的一切都是理所当然的。

（4）间接性赞美：他人观点＋赞美。

间接性赞美就是借他人之口夸自家孩子。

这是很多家长都常用的，比如，开完家长会，很多家长会说："宝贝，今天某老师夸你了，你同学的妈妈夸你了……"孩子如果大了，间接性赞美要借的这个人一定是孩子认识且有权威的人，效果才会好。

（5）故事性赞美：孩子特质＋关联故事＋赞美。

故事性的赞美就是指把孩子做的事情描述出来，孩子在这件事情中所呈现出来的美德和品质，家长表达出来赞美孩子。

这种赞美方法主要用于孩子刚做了一件你认可的事情时。

比如，你跟孩子一起去超市购物，孩子主动帮你提重的东西，你可以说："我家宝贝就是懂得心疼人，帮妈妈拿重东西，怕妈妈累着了。"孩子帮你大扫除，你可以开心地说："我家宝贝又勤快又有条理，把客厅打扫得真干净！让妈妈轻松了很多。"

在亲子教育里有句话叫"风往哪儿吹、旗往哪儿飘"，夸孩子、赞美孩子就是往你想要孩子发展的方向吹风，孩子就会越来越成为你想要的样子。

父母的话语在一定程度上决定了孩子的未来。知道了这个道理，以后就不要对孩子说反话，说攻击和嘲讽的话。你越说不好的话语，越说嘲讽的话语，孩子越会变成你不想要的样子，因为孩子会跟你对着干，而且孩子的大脑听不得"不"字。

比如，现在我说："你不要去想那只站在白雪上的、鼻子长长的、粉红色的大象。"你本来没想，但我越强调你越想。因此，你和孩子说"这个不要""那个不好"，却没有告诉孩子一个正确的方向，就是在强化你不想孩子做的事情，孩子反而会去做。如果我说："你可以去想那只站在白雪上的、头上有个王字的老虎。"你是不是就不会去想大象，而直接去想老虎了？

所以，如果你想要孩子写作业，孩子只写了一点，你不要生气地说："你怎么这么懒？半天了才写了这么一点？"而是要这么说："现在你把这些作业写完，需要多长时间？好，现在咱们把闹钟定到×点，你看看能否提前完成。"你想要孩子养成刷牙的习惯，就不要讲道理："我都跟你说了多少遍了，让你晚上吃饭之后要刷牙，说了多少遍？你还是记不住！"你不如直接告诉孩子："吃晚饭后要刷牙，现在刷牙去！"

我建议，以后如果我们对孩子的某个行为说"NO"，就要对孩子说三次"YES"，即说一句"不要做……"，至少要说三句"可以做……"供孩子选择。这样孩子慢慢就知道怎么做是对的，而减少对抗和迷茫。

家长的话语影响着孩子成为怎样的人。我们要多赞美孩子，多夸孩子，夸出孩子的心理健康，夸出孩子的自信和良好的行为习惯（见图4–11）。

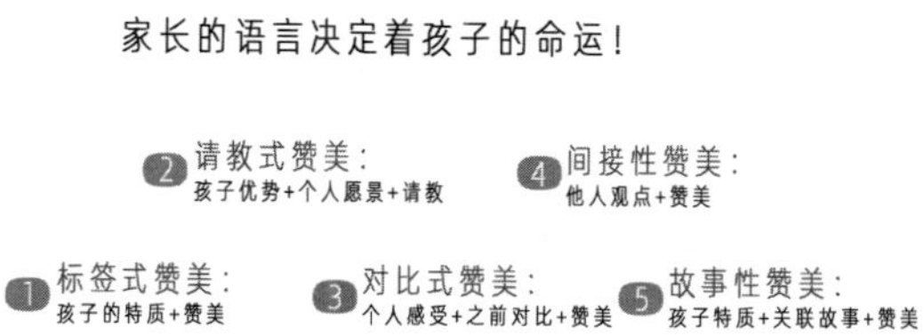

家长的语言决定着孩子的命运！

② 请教式赞美：
孩子优势+个人愿景+请教

④ 间接性赞美：
他人观点+赞美

① 标签式赞美：
孩子的特质+赞美

③ 对比式赞美：
个人感受+之前对比+赞美

⑤ 故事性赞美：
孩子特质+关联故事+赞美

图4–11　5种夸孩子的方式

测一测：青少年心理健康标准

1. 积极向上，精神饱满，朝气蓬勃，有自信心、进取心、自尊心。

2. 有自觉性，能精力充沛地发挥自己的智慧和能力，自觉完成学习任务，不怕学习上的困难，智能发挥良好。

3. 在家庭，在学校与朋友之间，能建立互敬互爱、相互理解的积极人际关系，在集体中是受欢迎的成员，在群体中有自己的朋友和同志，保持和发展互助、融洽、和谐的关系。

4. 善于适应新环境。

5. 情绪稳定而愉快。

6. 心理活动完整、协调，能避免各种因素所引起的病态症状（如过度紧张、焦虑等）。

你的孩子符合几点？请大家思考一下："我做了什么／没有做什么，让孩子心理健康／不健康？"

父母的言传身教，尤其是面对压力和挫折时的态度，对孩子的影响很大。比如，父母是说："没关系，一切都是最好的安排？"还是抱怨、发脾气、唉声叹气？不同的态度会影响到孩子以后面对压力和挫折时的应对方式和心态。

所以遇到挫折和压力时，家长要把这些事情正常化，积极处理。

我家闺女被文汇中学提前录取。为了避免跟进入青春期的她发生一些不必要的冲突，我和她有过一次谈话："宝，进入初中就是大孩子了，大孩子的世界会很精彩！所以，你只要在学校把老师讲的学懂了、掌握了，把作业及时完成，咱们就不用上课外班，我们还会给你钱，支持你出去玩。"结果，有两次我都看到女儿在卫生间边照镜子边对自己说："嗯！初中的生活真精彩！"

当我们和女儿遇到一些不好的事情时，我会先说一句"一切都是最好的安排"，然后再转换看问题的角度并积极解决问题。女儿慢慢也学会了，有时候看到她流着泪、苦笑着自己说一句"一切都是最好的安排"，虽然心疼，但也欣慰。

父母在遇到压力和挫折时，除了要教孩子正确看待的心态，还要教孩子一些方法。

我家孩子是个抑郁气质，很敏感，对不开心不好的事情更敏感。你夸她10句好都抵不住你说了她一句不好，真的是说不得的。所以，当她遇到不良事件时，我们会先共情她，再帮她疏解，同时也让她自己找解决的方法。

我家孩子喜欢唱歌，唱歌是她宣泄情绪最好的方法。当她不开心伤悲的时候，就在房间唱歌，唱很悲伤的歌。我们在外面听了眼泪都能流下来，但女儿唱几首后，出来就没事了。

要让孩子的心理调节能力够强，就不要害怕有情绪，只要能调节好就可以。你不能要求孩子一点负面情绪都没有，什么都好不可能的。所以，出现负面情绪，能及时调整就可以，教孩子调整的方法，培养他调整的能力，让他知道还可以有更多的选择。

但要让孩子记住，永远不要伤害自己，因为他们是爸爸妈妈的宝，要找正确的途径，在不伤害自己和他人的情况下，把自己的情绪宣泄出去就可以了。

小贴士：被霸凌的辨别与处理

一旦发现孩子被霸凌，第一时间就要处理，绝不允许发生第二次。如果是在玩耍打闹的过程中，比如被急脾气的孩子不小心打到，未必是真打，也不是有恶意就欺负孩子，这不算霸凌。如果不是霸凌，家长要教会孩子人际交往的一些技巧、人际沟通技巧、冲突解决技巧，以及跟老师反映的技巧、保护自己的技巧，但如果是被霸凌，家长第一时间就要出现处理。下面举两个例子，供大家参考。

案例1：

一位孩子上幼儿园的家长晚上7点多钟给我打电话，着急地说："老师，今天我下班回家，发现我们家孩子的脸被咬了！皮没破，但是能很明显地看到一圈大牙印，一整块都是青的！当时是我妈去接的孩子，看见孩子脸被咬了，也没有找老师问问到底怎么被咬的？谁咬的？老师怎么处理的？问我妈她啥也说不明白，给我急坏了！老师，你说我现在该怎么处理不会伤到我的孩子，以后不会再发生类似的事情？"听到这里，我问她："你和孩子聊了吗？""没聊。"我接着说："第一，你先安抚一下你母亲，让她安心，告诉她没事，你会处理。因为老人更心疼孩子，可能她因为普通话说不好没有问老师，你刚才一说她，她肯定很自责。第二，你一会儿把孩子搂在怀里问问孩子，到底是怎么被咬的？第三，你要给孩子定性，这个'咬'的行为到底是被同学欺负了，还是在一起玩的时候不小心造成的。第四，你要教会孩子如何保护自己，下次再遇到类似事情怎么做可以及时避免被伤害和解决。第五，明天到幼儿园跟老师问清楚到底怎么回事，老师是怎么处理，如何避免下次孩子再被咬。要求证两点：是正常玩还是真的被欺负？老师有没有处理，有没有解决方法。要在理解老师的同时，达到保护孩子的目的。"

后来这位家长问了孩子具体情况，孩子虽然脸上还青着，但自己已经没事了。孩子很有条理地告诉妈妈："我是在和同学一块玩的时候，他把我咬了。我当时就哭了，老师过来之后也告老师了。""老师是怎么说的？""老师批评他了。还让他给我说对不起。"所以，虽然家长看着孩子脸上的伤口很心疼，怕孩子受委屈，但孩子并没有觉得造成了伤害，由此可知，这不属于霸凌的范畴。随后，家长就按照步骤问孩子："下一次如果他还要咬你，你怎么办？""老师说了，让我去找老师，老师会保护我的。"

第二天这位家长见老师说："孩子昨天回到家，我看到他脸上被咬了。小孩子打架是正常的，但是，孩子见了我之后他哭了，所以，我仔细一看，原来咬得这么厉害。"这个时候要把压力转递给老师："小孩子打架是正常的，小孩子有点冲突是正常的，但是这个确实是有点重了。"然后问老师以后怎么能够保证孩子不会再受到类似的伤害。这样的做法能让老师知道你并没有找她麻烦，但你要保护你家孩子的安全，请老师们上心。

案例 2：

来访者是一个高二的男生。由于学习压力较大，该生突然感觉很无力，觉得很委屈，感觉人生活着没有什么意义。后来咨询时，我了解到，该生在小学阶段被霸凌。当时他的父母都在外地做生意，他跟爷爷奶奶一起生活。二年级时，他突然被高年级几个男孩盯上了，不但找他要钱、恶性打他，还威胁他不准给老师说。由于父母很忙，孩子跟父母沟通很少。他说他给父母说过一次，但父母当时不能回来，也没有认真处理。他就开始想方设法躲着那几个男孩，但他当时的感觉就是，无论他怎么躲，他都躲不开。现在脑子里不由自主想到此事，夜里还会做噩梦。

校园霸凌对一个孩子的影响是极深远的，如果处理不当，会让孩子的自我崩溃，无法正常生活和学习。

当孩子遭遇霸凌，家长一定要出面解决。家长如果不第一时间真正地保护孩子，孩子极有可能不断地被霸凌，最后出现严重的心理问题。

二、学习力

怎样才算把孩子培养成才？不是非要让孩子考进国内985、211或者常青藤等世界名校，获得多么耀眼的成绩和奖项，而是孩子有养活自己的能力。比如，孩子是一位外卖员，他就需要有时间观念，细致认真地核对信息，减少错送、漏送，并且安全驾驶电动车，保证准时送达，才能做好外卖员这份工作。孩子既要有文化学习的能力，也要有谋生技能等各方面的能力。"学习力"这条腿，需要父母全面进行关注。

1. 培养孩子好习惯技巧

通过强化（即奖励）而造成某种期望出现的良好行为；好习惯用加法，坏习惯用减法。

培养孩子良好的行为习惯，才能够帮他达成目标。培养孩子习惯的技巧原理就是行为疗法里的操作性条件反射。

什么是操作性条件反射？比如，你把一只小老鼠关到笼子里，想让它饿了就按杠杆，不饿就自由活动，但人和小老鼠语言不通，那该如何实现这个目标呢？

实验当时是这样进行的：把小老鼠放进笼子里，笼子里没有食物。小老鼠饿了，就开始来回跑、来回跳动找食物。在它跳动时，不小心碰上杠杆了，就有食物掉下来。刚开始小老鼠不知道为什么，但这样重复多次之后，小老鼠很聪明，它就知道饿了就按杠杆，就有食物吃了，如果不饿就自由活动，实验的目标就顺利达成了。

现在的孩子懂得很多，逆反来得还早。如果你想养成孩子的某些好习惯，就得用讲道理的方式，效果不好，咱们可以借用这个技巧——少说话，直接行动。

（1）常用的塑造技巧。

● 正强化：是指某种行为后，引入一种结果，使该行为得到维持或加强。

好习惯用加法就是正强化。比如，培养孩子做家务的习惯，孩子一做到，你就夸奖或者奖励他，他会开开心心坚持做，慢慢就会养成做家务的好习惯。

但好习惯用加法，是指不要一下子让孩子做很多家务，而是慢慢加量，直到你觉得合理为止。如果一下子就到位，孩子可能会因为太累而放弃。

比如，培养孩子运动的习惯，可以先从 10 分钟、15 分钟开始，慢慢再到 20 分钟，再到 25、30 分钟。这样孩子的体力跟得上，过程也会很愉快。

图 4-12　习惯影响命运

● 负强化：是指某种行为后，去除或避免一种结果，使该行为得到增加或保持。比如，迟到批评，按时就不批评。

我这里想把它变一下，我愿意用"坏习惯用减法"来转换。比如，孩子天天玩 60 分钟手机，你希望孩子一天玩 45 分钟。如果孩子一天少玩 5 分钟手机，我们就奖励孩子，慢慢地孩子玩手机的时间就会减少。我认为还是用奖赏的方式减少孩子的坏习惯，会让父母和孩子的心情好起来。

● 惩罚：对不良行为给予批评或处分，它可以减少这种不良行为的重复出现，弱化该行为。给予惩，拿走奖。

我的咨询经验告诉我，尽可能少用惩罚，但如果孩子太过分了，你好好说真的没用，那该惩罚就得惩罚。惩罚其实是为了帮助孩子改正不好的行为习惯，所以惩罚时一定要认真严肃。惩罚不是伤害，而是手段。有的家长会问我，孩子能不能打？这也要看情况，有的时候有的孩子只有挨打了才会听话、改变，可能打就是一种手段了，或者孩子的行为太恶劣了，有的家长忍不住要打，但打孩子时别打重要部位。可以打手，古时候的老师很聪明，惩罚时用戒尺打手心，手上都是穴位，打虽然疼，但伤害不大。注意，别打吃饭和写字的手。

● 消退：是指对某种行为不采取任何强化措施，既不奖励也不惩罚。消退和惩罚都是为了使某种行为减弱或消失。

举个例子。孩子哭闹不讲理，你说："你这样哭没有用，达不到你的目的。如果你好好说话，按照咱们说好的去做，你的要求就能被满足。妈妈在屋里做自己的事，你想好了过来找妈妈。"说完后你就离开，不再理孩子。绝大部分孩子都会慢慢冷静下来，回来跟你好好说话。这种方法就叫消退。

但如果你很愤怒地对孩子说："你就哭闹吧，你哭闹也没有用。我现在没有时间理你，你想干吗就干吗吧！"这不叫消退，这叫惩罚。

（2）好习惯塑造4步法。

由上面实验衍生出来培养孩子好习惯的4步法。

● 明确靶目标

有一次我跟北京师范大学的李强教授谈关于天才的话题。李强教授说："真正天生的天才很少，现在很多天才是他们的父母觉知得早，父母对孩子进行管理得早。这样的天才是父母培养、制造出来的。""行为决定习惯，习惯决定性格，性格决定命运。"从小培养孩子的好习惯，对孩子未来的发展很重要，尤其是好的学习习惯。

培养孩子的好习惯，不能着急，要一个一个来。要培养怎样的习惯，要从长远来考虑，这个习惯是否对孩子未来的发展好处？是否让孩子变得有自制力、自强自立？

把要培养的习惯说清楚了、具体化了，就是明确了要培养的靶目标。比如，培养孩子的专注力，由现在的 20 分钟提升到 40 分钟。

● 设立强化物

就是设置外在诱因，做到了奖，拿走了疼。设立强化物也就是在养成过程中设置奖惩，帮助养成习惯。

比如，孩子专注力有所提升，给予孩子奖励；如果孩子没有做到就失去奖励，甚至有惩罚。

强化物的设置有一个标准，就是你给孩子的时候，孩子感到开心、满足，你拿走的时候，孩子会不开心、心疼。如果无论你给不给，孩子都无所谓，这个强化物就失去了作用。

设立强化物，孩子小的时候可多用搂搂、抱抱、亲亲、陪他玩的方式，尽可能不要用物质奖励。因为孩子小的时候，爱、陪伴和游戏对其影响更大，而不是物质。而且用物质奖励，孩子总有够的一天，或者胃口越来越大，奖励就失去了奖惩的作用。

孩子大了，设立强化物有时不再是奖什么，而是拿走什么。比如，孩子沉迷手机，你奖什么孩子都无所谓，如果孩子没有做到某件事，你减少孩子玩手机的时间，孩子就会心疼，这个强化物就会有作用。

● 小步快跑

小步快跑，就是无论培养孩子的好习惯，还是去掉孩子的坏习惯，都不能着急，要一步一步慢慢来。

小步快跑，孩子不累，容易达到，容易被奖励，容易有成就感，走着走着，孩子的好习惯就形成了。

比如，孩子的专注力由 20 分钟到 40 分钟，第一次可以提到 23 分钟，坚持一周，孩子已经能够真正做到专注 23 分钟了，再提到 26 分钟……以此类推，就是小步快跑。

- 反馈坚持

孩子好习惯的养成，归根结底是谁应该坚持。咨询时很多家长说："你看这孩子，我一说他就动，我不说他就不动。"我会开玩笑说："孩子养成好习惯一开始是不舒服的，如果咱做家长的都不能坚持，孩子为什么要坚持呢？"

孩子好习惯养成的第四步就是反馈坚持。

什么是反馈？反馈就是孩子做了什么，你要给孩子回应，让孩子知道自己做得怎么样、哪里好、哪里需要调整。那为什么要反馈？我讲一个实验给大家听。

老师把一个班的孩子分成三组，每天学习完成之后进行测试。第一组的孩子，老师当天就有反馈；第二组的孩子，老师一周反馈一次；第三组的孩子，老师置之不理，不予任何反馈。一个月后，第一组的孩子成绩稳步向上；第二组的孩子成绩比较稳定，没有往下掉，也没有太往上升；第三组没有得到反馈的孩子，成绩下降了……三个月后，三个组别进行置换；第二组维持不变，老师一周反馈一次；第一组改为不予任何反馈；第三组改为每天反馈。结果发现，第三组的孩子成绩开始上升，第一组的孩子成绩开始下滑，第二组持续稳定。

可见，在培养孩子良好行为习惯的过程中，家长的及时反馈非常重要。反馈要以鼓励为主，可以这样说："你这点做得好，好在……，比昨天进步在……，接下来我们要继续进步和坚持。"家长的反馈会让孩子心里有数、踏实，知道自己接下来该怎么做，同时也能体会到家长的重视。

怎么坚持？坚持多长时间？有的家长会说一个习惯的养成需要 21 天，其实如果家长能够天天持续不断，同时让孩子有好的感受，养成习惯用不了 21 天，但习惯的固化还是需要三个月的（见图 4–13）。

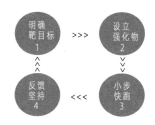

图 4–13　培养孩子好习惯的 4 步法

2.孩子考试不好时处理技巧

成绩是什么？是检验最近所学的结果。这个结果包括了对知识的掌握程度、孩子的学习状态、身体状态、心态、应试状态及技巧等。

虽然，我们国家现在是应试教育，但真的每次考试都是"一锤定音"吗？除了高考的影响确实很大之外，在平常的时候，每一次考试都是在促进孩子更好地学习。所以，家长及孩子都要正确看待考试及考试成绩，"会考试，才会有好成绩！"

下面咱们看看考试的三个作用。

（1）查缺补漏。

一定要学会正确解读孩子的考试成绩。有很多孩子平常学得都不错，一临大考就紧张，总是发挥失常，导致成绩下降。

可成绩下降真的是坏事吗？高中英语词汇量 3500 个单词，比如现在你有 500 个单词还没有掌握，这次考试没考到，你得到了满分，但如果是在高考的试卷中，出现了你没有掌握的单词或知识点，那岂不是得不偿失？

因此，高考之前的任何一次成绩，目的和意义都是让你查看学习有没有缺漏。在高三之前，把缺和漏补上，就是最大的收获。

查缺补漏最好的方法，就是鼓励孩子养成做思维导图的习惯。梳理每个知识点涉及的题型和解题方法，有助于复习时全面掌握知识点。

（2）掌握应试技巧。

拿到一张试卷，先做哪一部分？按照什么样的顺序来做？不同分值的题分配多长时间？这些应试技巧每个孩子都有，只需要让孩子每次考完试后，有意识地总结应试技巧并进一步确认。

图 4-14   帮助孩子成才才是对孩子最深的爱

如果没有系统地进行总结，很多孩子的脑子里一片模糊，要让孩子把这种模糊的感觉表达出来，最后再落实到笔头上，总结出来。确定下来之后，才有可能进行调整。当孩子不断地确定的时候，才会觉得可控，才会加强孩子的信心。

提升应试速度的心态是什么？比如，现在你有 10 分钟的时间捡金块，有的金块在土地表面上，有的被土埋了一半，还有一部分埋在地下面。怎样才能在有限的时间内捡到更多？先拿表面上的，然后去挖埋到一半的，如果还有时间再往深挖一挖。考试也是一样的道理，先把会做的题做完做对，然后做那些不是很熟的题，最后实在不会的再蒙一蒙。

为什么要这样强调？因为我驻校做过两年高三复读班学生的心理工作，发现有很多学生在考试时遇到难题会死磕，结果导致会的题没有时间做，成绩下降，学生后悔和自责，感觉很挫败。长期这样就会打击应试的自信心。

（3）训练应试心态。

首先是如何应对场内噪声，这里的噪声指的是考场内其他人造成的噪声，也有内心产生的噪声。

比如，考生答题时笔尖接触试卷发出的声音，有的考生恨不得把试卷给写破了；有的监考老师穿着高跟鞋来回走动发出的声音。这种有意无意的外部噪声，影响了孩子的考试状态。

考试碰到"拦路虎"。一个难题扑过来的时候，孩子是被扑倒了，还是躲过去了？不要被一两道题影响心情，先答完会做的题。有的孩子直接被"老虎"扑倒了，就盯着这道题，花的时间越多，就会越焦虑，脑神经之间的链接会消失，原本会的也变得不会了。

我在带高三学生的时候，听到了一个真实案例。

高考期间，有个孩子在考场晕倒了，这件事对在场的考生都产生了影响。有一部分考生很快就调整过来，继续做题；有的孩子半天都缓不过神来，耽误了时间。还有一个孩子，他知道自己考不好，也考不上，便开始有意制造场内噪声。

这就需要孩子在平时多训练心态。比如，孩子告诉你："今天，我的同学写字声音很重，影响到我。"你可以说："宝贝，你居然坚持考完了，你是怎么做到的？"通过这种方式来让孩子有意识地加强应对噪声的能力。

3. 化解孩子畏难情绪的方法

如果孩子说"这题太难了，我不会做，我做不了"，你会如何应对？有的家长会说"你为什么不会，是不是你上课没有好好听讲"，或者"你不会你可以问老师或同学呀，不要因为不会就不写作业啦"。这样的回答会让孩子再找借口，比如"我上课好好听讲啦，但我现在就是不会""老师和同学都联系不上"。那么如何化解孩子畏难情绪？可以用5步脱困法。

第一步，孩子说："我不会。"

第二步，家长回应："没关系，你只是现在不会。"

第三步，家长让孩子说说不会的原因。孩子说："老师没有讲，这道题超纲了。"

第四步，家长让孩子说说怎么做就能做出来。孩子说："如果我问同学或者上网搜索，可能会找到答案。"

第五步，家长陪着孩子一起行动，说："太好啦，那你现在给同学打电话，或者上网搜搜试试。"

这里很重要的一点就是，当孩子有畏难情绪时，家长要接受，要相信孩子，并愿意陪孩子一起解决问题，而不要认为孩子就是在找借口，不想做作业。家长真诚用此方法引导几次，孩子的畏难情绪就会慢慢减弱（见图4-15）。

图4-15　化解孩子畏难情绪的5步脱困法

三、社会兴趣

社会兴趣是指促使个体认同他人、同情他人的固有潜能。比如，小孩子看到一个可爱、毛茸茸的小动物，就想要去抱一抱、亲一亲；看到弱者就想去帮助和保护，这是人的本性。如果孩子的社会兴趣培养得好，有利于孩子跟他人的链接，孩子就会养成心里有人的好品质，不会自私，也不会冷酷。在教育孩子的"三足鼎立"中，社会兴趣是最粗的那条腿，不仅影响着孩子跟他人的关系、跟社会的关系，也影响着孩子的心理健康水平。调研发现，神经症、精神病、成瘾行为、犯罪行为等心理失调，被认为是社会兴趣发展不足导致的后果。

由此可见，所有的心理问题都跟关系相关，如果各方面的关系处理不好，就容易出现心理问题。

社会兴趣主要表现在三个方面。

（1）在困难情境中，准备与他人合作、帮助他人。

（2）多奉献少索取的心理倾向。别怕孩子吃亏，古人说得好："吃亏是福。"

（3）富于理解和同情他人思想情感的能力。

社会兴趣最早产生于婴儿同父母早期的相互作用，后在社会背景中继续发展。这说明在孩子早期成长的时候，父母要给孩子爱，人与人相互之间同情和理解他人，是从小习得的。在孩子小时候，父母给予孩子爱，孩子长大就会把爱再给予别人。

那么如何培养孩子的社会兴趣？

1. 家庭软环境影响孩子的社会兴趣

什么叫家庭软环境？其实是指家庭的心理道德环境，心理道德环境作为家庭环境的核心，包括与家庭成员之间的良好关系、父母的道德水平、对孩子的教育方式等。家庭软环境对个体的自我概念的发展、师生关系、行为问题等均有较大影响，家庭软环境是孩子建立跟外界关系的基础。

"积善之家，必有余庆。"这里的积善就是家庭心理道德环境，父母都愿意帮助别人、都为人厚道，这些优良的品质孩子也会潜移默化地习得。如果父母总是跟他人斤斤计较，喜欢算计别人，孩子长大后可能就不知道如何跟他人坦诚相处。

作为家长，我们都希望自己的孩子到哪里都能处好关系，到哪里都有人帮、不孤单，这需要父母从小给孩子做榜样。

就像在婚恋关系的章节，我提到找对象要看一种关系，就是家人跟亲朋好友的关系。如果家人都告诉他，外面的人都是坏人，都欺负咱们，就可能导致他的社会兴趣下降。

2.培养孩子的集体感

集体感即"用对方的眼睛去看，用对方的耳朵去听，用对方的心去感受"。集体感也是人们常说的同理心。

培养共同体感觉意味着与他人建立具有无条件的尊重、信赖、平等、合作、同理心等特征的横向的人际关系，意味着突破自我中心，学会关心他人。世界上只有亲生父母对亲生孩子的付出是无条件的，其他关系之间的付出都是有条件的。所以，告诉孩子，如果他想要有更多的朋友，就要主动付出，理解他人、包容他人。

图 4-16　有集体感的孩子才能做大事

3. 案例分享

如何让一名高三的孩子重回学校？

来访者是一位高三的男生，在重点中学上学，但从高一下半学期开始，该生上学就断断续续的，到了高三几乎就不想去学校了。

后来了解到，该生本来很开朗，喜欢帮助他人，但刚到高一新班级时有一个同学无来由地打压他，还带着几个同学一起攻击他，说他情商低、说话直、没有人喜欢他，等等。刚开始该生没有在意，因为他坚信自己是很受同学喜欢的，但被同学打压的时间长了，他便相信了，所以不敢主动交朋友，导致他到了高三也没有一个真正的好朋友，只有几个同学跟他的关系不错。

由于该生的家庭关系和谐，父母的人际关系都很好，所以我就利用他喜欢帮助他人、对他人有爱的特点，鼓励和陪伴他从班里的班长入手，跟同学建立深入的关系，并每天记录跟他人交往时同学的正反馈，一点一点把孩子的自信找了回来。当该生突破了这个卡点后，就开始主动上学了。

可见，社会兴趣较高的孩子，即使遇到了挫折，他的复原能力还是很强的。

从小启发孩子志存高远，也有利于培养孩子的社会兴趣。家长不要害怕孩子总是想着为社会做贡献、帮助他人会吃亏，因为只有心里装着社会、装着他人的人，以后才可能成为真正的社会精英。一个精致的利己主义者可能会很优秀，但他心里没别人，一心只在自己，当发展受挫时，他的抗挫力会很差。

现在很多的家庭教育都只重视孩子的学习力，而忽视孩子的健康力和社会兴趣，从一开始教育孩子，就打折了孩子的两条腿。关键还有很多家长由于不懂得孩子心理和家庭教育技巧，总是用厌恶疗法培养孩子学习力，导致孩子厌学，这条腿也被打折了。当孩子的三条腿都被打折了，孩子要么觉得活着没有意义，在家里闭门不出，要么沉迷网络游戏意志消沉，处于"躺平"状态。

当然，并不是说健康力、学习力、社会兴趣"三条腿"必须一起走。假如孩子在学习力方面欠缺一些，但在健康力方面很有优势，而且对社会、对人也都保有兴趣，你放心，即使孩子以后可能没有上成大学，或者没有更高的技能，孩子只要有养活自己的能力，能够把自己照顾好，走到哪里都会有饭吃，也会过上令人满意的生活（见图 4-17）。

图 4-17 "三足鼎立"做好孩子教育

这就是"三足鼎立"做好孩子教育。你可以用来给自己的孩子做学习辅导、未来规划，或者给来访者的孩子做咨询时，家长问："这个阶段的孩子到底该怎么教育？"你可以进行灵活运用、辅助咨询。

青春期成长过程中的三驾马车

一、生理的快速发展

"我的个子超过爸爸妈妈了！"快速成长起来的孩子觉得自己是大人了，有了长大成人的意识。

二、心理的快速成长

心理的快速成长会让孩子的情绪不稳定。孩子在青春期的时候，一天能"三变脸"。在饭桌上跟你说着话，不知道哪句不爱听了，筷子一放，进屋关门不理你了。

三、考虑人生的意义

孩子进入青春期后，开始追求公平、公正、正义。他们的关注范围也在变化：走出家庭，进入社会，乃至整个世界。

这个时期的孩子会觉得自己可以改变世界，心里充满不切实际的想法，也因此充满着活力。

天马行空、不切实际，这恰恰是青春期孩子的典型特点。允许孩子异想天开，只有敢想的孩子才有梦想。

如何培养孩子的独立性

一、制定目标，志存高远

引导孩子志存高远，设立较高的追求。无论孩子有什么想法产生，先去支持他，让他敢于去想。如果他的想法正确，一定要支持和肯定他；如果不很正确，可以一起探讨修正。

如果孩子说想到太阳上面去，千万别告诉孩子："太阳那么热，你上去就会被烤化了。"而是可以接着问："你想怎么去？准备什么时候去？是不是要了解和研究一下太阳？什么方法可以让太阳越晒而你越感觉凉爽？"

在孩子的探索过程中，自己就会觉得到太阳上面去，有点不切实际，他自己就会调整目标："那还是去月球转一圈吧！"在这个时候，你还是不要打击他，只需要接着说："你有这样的想法很好。"有可能孩子在跟你探讨他的想法的过程中，已经有所学习或收获了。

二、有效行为，培养好习惯

什么叫独立性？一个人有胜任感和成就感，才会有独立性。

比如，妈妈在厨房做西红柿炒鸡蛋，孩子想露一手，帮妈妈做这道菜，但因为缺少经验，忘记把西红柿的皮去掉了。这个时候，你要尊重孩子："你看，这是你第一次独立完成的菜品，太棒了！"这样的话，会让孩子充满信心，下次还会愿意炒这道西红柿鸡蛋。

在这之后你再告诉他："下次，你可以试一下把皮去掉，看看是不是更好吃，口感更好呢？"如果你直接说他："你都不知道要削皮啊？"请问你有没有尊重他的努力？孩子会觉得这件事不可控，我都这么努力做了，你还否定我，所以有可能下次他就不干了。

因为害怕犯错，就有可能退缩不干，就会影响到孩子的独立性。

三、让孩子自己做选择

一位家长带孩子去超市的时候，当孩子想要买玩具 a 时，家长就会选择一款类似的玩具 b："宝贝，这个 b 也挺好的，选 a 还是选 b 呢？"从而引导孩子思考，从各个方面开始考量，做出最后的选择。

有的时候一次不要问太多的问题，要给予孩子充分思考的时间，最好一次问一个问题，引发他的思考。当他从自己角度有了答案的时候，需要你对这个答案有一份认可，孩子就会逐渐养成独立思考的习惯。

包括一起出去吃饭，也让孩子负责点一道菜，一定要支持孩子点自己想吃的，培养他点菜时的确定感。

还有，不管是在学习上，还是在做事情上，你都不要着急告诉孩子答案，不要替孩子做选择，如果产生依赖，他就不会自己动脑筋了。如果孩子表达能力有限，你要耐心等待，鼓励和等待孩子慢慢表达出来。

通过这些途径，就可以培养孩子的独立性。

亲子沟通技巧

一、怎样正确地向孩子提问

1. 封闭式提问

"有没有？"

"会还是不会？"

"能还是不能？"

封闭式，得到的只有 yes or no 两种答案。

封闭式提问，只适用于你想确定某些事情时用。

2. 开放式提问

"这件事情，你怎么看？"

"你有什么想法？"

开放式提问，可能让孩子畅所欲言，怎么说都可以。适用于你想更多了解孩子的情况。

3. 启发式提问

启发式提问，指的是给孩子一个正能量的方向。比如，"你想做完作业又想好好玩，你计划怎么做呢？"启发式的提问，其实你已经给孩子方向了，提问只是启发孩子去思考。

启发式提问重在启发孩子思考，所以不要直接给出你的答案和方法，如果能够通过启发式提问让孩子说出你希望孩子说出的话，孩子会觉得这是他思考的结果，而不是你强迫他做的，可以减少亲子之间的冲突，也能让孩子遇到问题时变得更积极。

二、化解意见分歧

当你和孩子意见不一致时，可以采取下面两个策略来化解意见分歧。

1. 上堆下切技巧

所谓上堆就是找到两人的共同目标，比如，孩子第二天要交作业，头天晚上一直熬夜写作业，写不完就不睡，但是家长为了孩子的健康，希望孩子早点睡觉。这就产生了分歧。无论是孩子和家长，都是希望孩子身体更好，成绩更好，所以总的目标都是一致的，可以把一致的目标提炼出来，然后跟孩子说：

"其实我们都是希望你好，我们是一致的。"这样就能让孩子情绪平稳下来，知道父母并不是跟自己对立的。

然后再进行下切，即找到一个更好的方法来解决问题，比如，可以跟孩子说："你今天晚上先睡，明天早上早起一会儿，再把剩下的作业写完，妈妈叫你起床，不用担心起不来。这样你既能睡好觉，还能完成作业，好吗？"

上堆下切技巧，先保证跟孩子目标一致，跟孩子成为一伙的，再找到合理的解决方式，来化解分歧。

此方法还可以用到夫妻两人教育孩子的分歧以及跟祖辈教育孩子的分歧上。

比如，我们跟父母在教育孩子的理念上产生分歧，可以这样说："爸妈，咱们都是为了小明好，隔代亲隔代亲，你们比我们更爱小明。你们说应该 A，是你们舍不得小明现在受苦。我们说应该 B，是担心现在他不受苦，以后他会受苦。这样，你们看行不行，我们教育他，然后你们哄他配合我们。这样咱们既能让他以后好，现在还感觉有爷爷奶奶爱他。"

2. 先跟后带技巧

先跟后带指的是先肯定对方观点中对的方面，再灵活地提出自己的意见。

比如，有人跟你说："大家记住啊，每天吃早餐很重要，早餐补充蛋白质也很重要，所以大家每天早上必须吃一个鸡蛋。"这个观点前半句很正确，要吃早餐，要补充蛋白质，但是后半句非常绝对，每天早上必须吃鸡蛋来补充蛋白质，这就不对了。

如果利用先跟后带技巧，可以这样表达自己的观点："你说得太对了，每天早上都应该吃早餐，补充蛋白质，我会吃鸡蛋、牛奶、豆浆、瘦肉、豆腐等补充蛋白质。"这样一来，既肯定了对方观点中正确的方面，又在绝对化的方面进行了补充和调整。

三、高情商化解孩子情绪

1. 接纳情绪

接纳情绪就是看到孩子的情绪，允许和接纳孩子的情绪。我们看到孩子有情绪时可以先说："宝宝你怎么了？我看到你不开心了，谁惹你了？"要真诚地关心，同时保持一份好奇心，询问孩子发生了什么。

2. 分享事情

接下来让孩子分享他的事情，什么会让他不开心，我们在听的时候可以附和"怪不得""原来老师当众批评你了啊，怪不得你不开心"。这种共情让孩子觉得你理解他，这样情绪就能平复下来。

图 4-18　用共情的态度直面孩子的错误

3. 分析设范

孩子冷静下来以后，可以帮助孩子分析为什么会发生这样的事情，过程中哪些该做，哪些不该做，但我们不是随便分析，而是采用问的方式："哦，如果这件事再发生一次，你怎么做就能避免被老师当众批评，避免不开心？"

4. 重新规划

可以这以问："假如以后再遇到类似的事情，你会如何处理？咱们总结一下经验。"

这一步，家长要帮孩子总结以后如何避免和应对类似事情，同时可以把自己的智慧教给孩子。由于前面的三步，这个时候家长给出的建议孩子都会觉得是在帮自己出主意。

需要注意的是，在给孩子分析和规划的过程中，不要用说教的态度，要跟孩子探讨，还要肯定孩子之前的行为，这样孩子才能欣然接受父母的指导。

事业成功的人和不成功的人，区别在哪里？

我总是说，千万不要随便立目标，因为你一立目标，它一不小心就实现了。因为这应了中国的一句老话："不怕贼偷，就怕贼惦记。"就是说，当你的目标越明确，经过你身边的、跟目标有关的机会，就会被你识别出来并且抓住；如果你没有目标，就算是再难得的机会，经过你身边的时候，你都意识不到，更不可能抓住。

表 5-1　哈佛大学 25 年跟踪调查表

毕业时的调查	25 年后的调查
27% 的人没目标	处于社会的最底层，只会抱怨整个世界
60% 的人目标模糊	处于社会的中下层，安稳地生活与工作
10% 的人有清晰目标，但较短期	成为各行业的专业人士
3% 的人有清晰且长期的目标	成为社会各界的精英人士

看到这份图表，你觉得自己属于哪一部分？我们大部分人都属于 60% 吧？目标模糊，若有若无。其实我们这些处于 60% 的人活得最累。为什么？因为卷，卷不起；躺，躺不平。自己疲累，还得抱怨其他人太卷。

那怎么改变能够让我们进入 10% 的人群呢？

写一写：你的墓志铭

这里躺着一个怎样的人？

当你再也没有任何机会可以改变时，此生怎么过，你才会觉得无憾？

现在，请大家跟我做一个冥想。

请大家坐在椅子上，双脚放平不要跷二郎腿。先不要着急动笔，缓慢地做 3 次深呼吸，让自己平静下来。每次吸气时，用嘴巴来吸气，每次吐气的时候，嘴巴微微张开缓慢均匀地吐气，吐气的同时把你的双肩放松下来。连着做 3 个深呼吸，让自己静下来。现在请你想象自己来到了生命的终结时刻，你在人世间的一切都已经定型了，没有了任何翻盘的机会。如果现在就让你告别人生，你觉得有什么遗憾吗？或者你想到哪些人或者事情，会让你有心痛的感觉？现在大家试着回答下面 5 个问题。

我怎样做事才能此生无憾？

我怎样跟家人相处才能此生无憾？

我拥有怎样的合作伙伴才能此生无憾？

我活出怎样的状态才能此生无憾？

我能为哪些群体提供服务和价值，此生无憾？

回答完 5 个问题后，你想象一个你成功后的画面，你在哪里？你在做什么？都有哪些人在身边？他们在说什么？你有什么感觉？

如果你找到了答案，就慢慢地睁开眼睛，在本子上写下答案。

完成这个练习后，希望你能够从 60% 到 10%，以后再从 10% 到 3%，这样你就会立下清晰且长期的目标。

当你写下你的目标后，还需要做两件事。第一件事是开始行动一小步。比如，你目标的一部分是多跟家人表达爱，那你今天就要做这件事。不管多难，你都要尝试让自己说出口。或者，你想学习心理学，今天就上网或者找朋友了解平台的情况，然后跟平台建立联系。第二件事是找到可以相互监督和促进的伙伴或者群体，大家一起做规划，一起行动起来。为什么要做这两件事情呢？

因为有的人是被偶然发生的事件触动，就立了一个目标，并没有持续力。比如，孩子出现问题了，家长很痛苦很纠结，当心理医生或者心理咨询师帮她解决问题后，她就在心里立志："我要成为心理咨询师，帮更多的家庭解决亲子的问题，帮助家长正确地教育孩子。"于是马上辞职、报班、买书。过了几天，孩子好了，家长也不再痛苦纠结了，就会忘记曾经立下的目标。下次孩子再出现问题，家长又开始立目标了，但这个目标基本上不会实现，而只会让家长有压力。

还有的人在工作中由于能力不足遇到压力，就立志："我一定要好好学习，不能居于人下。"然后学了两天之后，风平浪静、情绪过去了，也就不再持续了。

这是什么原因？其根本的原因在于：有很多人是"狗咬思维"，就是遇到不好的事情了，就动动，不好的事情过去了，自己就不动了。

人的天性就是希望自己的明天比今天更好，希望自己能实现更多的人生价值。而有了明确的目标，就会在享受成功愉悦感的同时又不断前行，这才是那 13% 的人为什么能够那么成功的原因。

开始行动后，每天都要抽出 15 分钟，多跟自己的潜意识进行沟通，多跟你的目标在冥想中相遇，把前面的 5 个问题的答案和成功的画面不断强化和完善。当你明确自己想要成为怎样的人，自己的使命是什么，自己到底想要什么时，你的学习动力都会持续变强。作为成年人，还有意愿继续学习，就说明你还希望给自己赋予某些使命和人生意义。

我自己经常和潜意识沟通，比如，碰到困扰的时候，我会及时静下来跟自己沟通，随时随地以最快的方式做出一些选择。我总说，我是一个没有过去的人，因为我很擅长画句号。无论遇到什么事，跟自己的潜意识沟通完之后，我就做出选择，此事就画上句号，马上开始往前走，这也是我过得比较轻松的一个主要原因。

一个没有目标的人，任何的风都是逆风；没有目标的人，就像在大街上流浪，不知道你要去向哪里。

通过写墓志铭的方式，我们可以制定清晰、长期的目标，告诉我们如何翻盘。

上士闻道，勤而行之；中士闻道，若存若亡；下士闻道，大笑之。不笑不足以为道。

这是什么意思呢？优秀的人知道这个事情是对的，马上就会去做，努力去实行；普通人会将信将疑、若即若离，需要的时候就用，不需要的时候可能就忘了，也就是常说的"记吃不记打"；而更有一些人，听你这么说，他们则会问"是真的吗？""这些事情怎么可能发生"，他们会嘲笑你、讥讽你，把你说的话当成笑柄。

人的生命是有限的。我们很难成为像马斯克一样的"神人"，在汽车业、新能源、航天航空等领域全面开花，但我们可以用有限的生命，去做我们人生中最有意义的事情，能够体现自我价值的事情。所以，我们需要给自己有个定位，就是我们的人生顶层设计。

找到动力，确立方向

人在做任何事情的时候，都基于两种动机：一个是原始动机，另一个是社会动机。原始动机，就是动物也会做的事情，比如繁衍后代，找到食物吃饱喝足，这个就属于原始动机。一个人，愿意投入自己的精力和时间来学习，希望自己能够变得更好，这就属于社会动机。

只有社会动机，才能够让你脱颖而出。

下面具体解析想要获得人生成就的 4 个社会动机，帮助你更好地完成人生顶层设计。

一、成就动机

成就动机是指希望在特定的领域获得成功，或者取得成就的内在驱力。

比如，DISC 性格测试中的 C 谨慎型 / 完美型人，他们做事追求意义、苛求品质，就属于成就动机强烈，所以他们在工作方面专业能力都较强。

二、权力动机

权力动机是指支配和影响他人及周围环境的内在驱力。

比如，DISC性格测试中的D力量型/支配型人，推动他们做事的动机就是权力动机。因为他们的领导欲强，总是积极地争权，乐于发号施令。他们生活的方式可用"我带头、你跟从"与"照我的意思，否则就离开"来形容。他们期望大家认同他们掌权的身份，并且尊重他们的权威。社会上还有很多优秀的成功的人士，他们总是希望自己能做些事情，或者用自己的服务和产品来改变这个世界，为他人服务，为世界服务，让社会更好，让大家更幸福，这也是权力动机。

三、亲和动机

亲和动机是指对于建立并保持良好人际关系、受人喜爱及与周围人融洽相处的内在驱力。

比如，DISC性格测试中的I影响型/活泼型人，推动他们做事的动机是亲和动机，他们不会在意钱的多少，而重视大家在一起开心不开心、和谐不和谐。因为他们渴望被接纳与支持，在褒奖、赞美与爱慕中，格外显得精神焕发。他们喜欢受人注意，也常使自己成为注目的焦点，当众目集中在他们身上时，就更加生龙活虎。他们最大的恐惧就是遭人拒绝。他们的自我形象是由别人所投注的观感勾勒出的。他们常说"我的朋友说我是一个什么样的人"或是"别人告诉我……"这类的话。

中国人，乃至所有东方人，希望彼此相处得跟一家人一样，不要钩心斗角，不要相互伤害，这就是亲和动机。

四、工作动机

工作动机是指一系列能够激发与工作绩效相关行为，并决定这些行为的方式、方向、强度和持续时间的内部和外部力量。

现在很多年轻人做事的推动力就是工作动机，就是在工作中追求付出跟收取的平衡，如果达不到他心里认为的平衡时，就可能立马辞职。他们在职场中不谈忠诚只谈公平，所以辞职率非常高。比如，我现在一个月有 5 万元的价值，希望我一个月可以获得 5 万元的工资及附加价值。如果我这 5 万元的价值，你只给我 4.5 万元的工资，对不起，我觉得你不尊重我的付出，或者我吃亏了，那就拜拜。

工作动机和成就动机有点相似，在这两种动机推动下的人，都会成为很优秀的人，但成就动机，焦点在所做的事情本身的意义和价值，不太在意工资多少。工作动机更在于我付出跟收到的平衡，而事情本身有无意义没有多大关系。

五、学员分享

下面是两个学员分享的案例，通过画面来回答个人使命宣言的 5 个问题。

1. 十年之后，你希望成为一个什么样的人？

2. 你希望别人如何评价自己？

3. 工作上，你有什么样的追求？

4. 做到哪些，你会真正地感到快乐？

5. 当你成功时，谁在场？他们在说什么？你有什么感受？

图 5-1　一位学员的使命宣言

画面解读一：

1. 十年之后，希望成为花木兰一样忠勇真孝的人。（成就动机）

2. 希望别人这样评价自己：向阳生长，乐观务实。上善若水，水波温柔。（亲和动机）

3. 工作上的追求：本职工作，令人惊喜；非本职工作，或对别人有用，或令人惊喜，或不图回报。（本职工作为成就动机，非本职工作为权力动机）

4. 当专注专心工作、健康快乐生活时，我内心会感到真正的快乐。（工作动机）

5. 当我成功时，家人、朋友或老大在场，难忘的话如"大闺女加油""没看错你"……（成就动机、亲和动机）

图 5-2　一位学员的使命宣言

画面解读二：

1. 十年之后，既能把握自己，又能改变世界。（权力动机）

2. 希望别人这样评价自己：跟着大哥混有肉吃。（权力动机、亲和动机）

3. 工作上的追求：多做一些既能挣钱又有成就感的事。（工作动机、成就动机）

4. 可以不工作又有钱挣的时候，或许会感到真正的快乐。（工作动机）

5. 当我成功时，一起努力过的兄弟姐妹在场，他们一把鼻涕一把泪地说："这大哥没跟错。"我的感受是"你们继续加油，我要去享受人生去了，这些年折腾点事儿太累了"。（成就动机、亲和动机）

这个案例的学员做的职业规划路径是：工程师—项目经理—销售经理—部门经理

给自己的个人建议是：遇贵人先立业，遇良人先成家，无贵人先自立，无良人先修身，偶尔保持热爱，奔赴山海。

练习：现在你可以给自己 15~20 分钟时间，画一幅画，写出你自己的人生使命宣言。

人生顶层设计

"人生顶层设计金字塔"由身份、使命、价值三个部分组成，结合成就、权力、亲和、工作这 4 种社会动机，帮你清晰你的人生未来规划。以我为例，我的"人生顶层设计金字塔"如图5-3 所示。

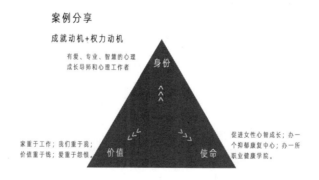

图 5-3　张砾匀的人生顶层设计图示

首先，推动我做事的是成就动机和权力动机。成就动机是我希望并努力让自己在心理学领域能够做更多事，取得更多的成就。权力动机是我希望自己能够促进更多的女性心智成长，帮助辍学的孩子重归社会，实现自我价值。

一、身 份

即打造你的人设与 IP。人设决定、影响着他人愿不愿意跟你合作一起做事；IP 是你实现人生价值的能力和定位。

我的身份是成为一名有爱、专业、智慧的心理成长导师和心理工作者。

二、使 命

即跟你内心契合的、对社会/他人有意义的事情。同时使命一定是你的 IP 可以做到的，在做的过程中可以让你心里感觉愉悦，并有价值感和成就感。

我的使命是建立幸福家庭；促进女性心智成长；办一个抑郁康复中心；办一所职业健康学院。

来做咨询的人群中，女性来做咨询占比 90% 左右，这跟女性的性格特质、女性在家庭中的担负，及女性的心智成长有关。

我经历了 4 年居家的日子，怀孕、生女、照顾女儿到她上幼儿园。4 年里经历了很多，也思考了很多，发现很多痛苦来自自己的心智不成熟。

心智成长/成熟，用两个成语来总结就是：愿赌服输、任劳任怨。愿赌服输，即既然我选择了，我就认，遇到问题再积极解决，不抱怨，不是受害者心态。任劳任怨，即要么活咱不干，如果我不干觉得难受，那干了就不要生气或指责他人不干。在现实生活中，我们有多少姐妹是愿赌不服输、任劳不任怨的？比如，总看着丈夫不满意，自己说为了给孩子一个完整的家，不离婚，也不解决问题。总是在家指责抱怨丈夫这个不好，那个不对，结果搞得家里氛围很压抑，孩子出问题，夫妻不再相亲相爱，这就是典型的愿赌不服输。自己看着地上脏不舒服，就一边拖地一边抱怨丈夫孩子懒，结果自己干了活，却没有落下好，这就是任劳不任怨。很多姐妹的痛苦就是从这里萌发出来的，但受了委屈，还要撑刚强。经过众多的案例，我相信女人好了，家就好了；女人好了，孩子就好了。所以，促进女性心智成长是我做心理工作的一个使命。

图 5-4　心智成熟的女人会为自己的选择负责

我希望办一所抑郁康复中心。因为，在我的咨询案例里，我处理了太多的抑郁症患者。他们拿着药物过来找我做咨询，但是，抑郁症并不能在那么短的时间内就完全康复。如果有一个专业有爱，能够配备科学的方案及设施，让抑郁症患者可以在其中找到同伴，找到价值、培养良好的习惯、有人陪伴和疗愈他们，我相信能让他们尽快真正地好起来。

最后就是办一所职业健康学院。我经手的青少年咨询案例是7000多个小时，而且现在出现心理问题的孩子越来越多。青少年案例中有很多是孩子沉迷网络，或者休学在家。让这些孩子走出家门、不再沉迷网络的重要措施是，有正常的社交、找到团体的事情做、加强运动等，但家长们很难找到这些资源。而职业健康学院具备这些资源，既能减轻家长负担，又能帮助孩子恢复正常。现在青少年的心理健康问题，社会各界都应该予以足够的重视。

三、价　值

价值是事情重要性在你心里的排序，或者说你为什么要设立这样的身份及做这些事情。当我们有了自己的价值排序，就会集中精力做事，不再被其他不重要的事情所干扰。每个人的时间都是有限的，而价值排序决定着你要把精力放在哪里，放在哪里收获就在哪里。"我们重于我；家重于工作；价值重于钱；爱重于怨恨。"这是我的价值观排序，我的使命也能让实现我的人生价值和经济价值。我是"70后"，在我的认知里是集体比个人更重要的。因为我的成就动机，我更希望我的工作有足够的价值，而不仅仅是钱的问题。爱重于怨恨——如果有人伤害了我，如何才能够让自己过得好，是选择爱还是恨？对于我个人来说，我会选择爱。我会像吃甘蔗一样，把有营养的汁液彻底吸吮干净，吐掉没用的废渣。

价值的排序需要注意一点，就是按我想要的排，而不是只知我不想要的、不知我想要的。下面看一个案例。

一位 985 院校毕业的博士找我做咨询，他在单位得到领导的重视，并想提拔他，但他现在遇到的困扰是：看到领导每天过得很忙很累，他知道这不是他以后想要的生活，所以他在纠结要不要辞职。

我又问了来访者几个问题，最后发现他做很多决定的内在驱力都是他不想要什么，而不是想要什么。后来我引导他用正面的词语告诉我，他想要怎样的生活。他最终选择了继续在原单位工作，因为单位能够提供给他的，都是他内心深处的需求。

我用到三个技巧，第一个是让他写人生使命宣言的 5 个问题；第二个是让他写出他人生顶层设计；第三个是用理解 6 层次帮他落实（这个后面会讲到）。

最后的结果是，这个来访者决定：每周锻炼三次身体，一次 1 个小时；每周用 3 个小时兼顾他的爱好——摄影，让自己放松和开心一下；每周用半天时间给外国人做义务导游，让更多的外国人享受北京之游，深入了解北京。

一个月后追踪此来访者，他基本上能按照自己的规划生活，感觉自己像换了个人，觉得世界也美好了很多。

类似这位来访者的情况很多，其实这是教育的问题。因为家长想让孩子考上好大学、有个好工作，很多时候都是说："如果你以后考上好大学了，就会有好工作。有好工作了，就能过上好日子，否则就会……"家长激发孩子学习用的是原始动机，限制了孩子格局的发展，同时也会把孩子养成精致的利己主义者。家长的控制和胁迫，会让很多孩子没有了自我，心里没有别人，也没有社会，一旦事业发展不如自己的意愿时，孩子们往往会退缩。

现在，我把模板分享给大家，大家可以参考我的设计图，规划自己的"人生顶层设计金字塔"（见图 5-5）。

图 5-5　人生顶层设计图模版

身份。身份包括两个部分，一个是你给自己定的人设，另一个是你想要打造的 IP。比如，一位耐心、深爱孩子、积极上进的妈妈，一位专业、精进，可以帮促进企业发展的项目经理。身份的设定可以是多个，关键看你对自己的定位。

使命。使命就是你此生想要做的事情，你乐意去做，同时对自己和他人有意义的事情。比如，打造一个幸福和谐的家庭；引领家族能够进入中产阶层；帮助百万家庭做好家庭教育；促进 1 万名女性心智成长，等等。需要注意的是，你的使命一定要跟你的身份保持一致，这样你自己才会更有动力。

价值。价值是一件事情对你的重要性的排序，同时也是做一件事情或者不做一件事情的理由。即你为什么会定位这样的身份？你为什么要有这样的使命？同时也让你在面对冲突时，知道如何做出选择。当你面对选择的时候，不会因为太贪，或者不知道要什么，而发生冲突，这就是价值的作用。

当你把你的人生顶层设计写出来后，你会发现自己站得住了，人生方向明确，变得安定踏实，平静坚定。

做好人生顶层设计后，该如何落实呢？

理解 6 层次，做出职业规划

理解 6 层次，如果按照从上往下的顺序，是一个非常好用的职业规划工具，帮助你进一步落实人生顶层设计（见图 5-6）。

精神

身份

信念、价值

能力

行为

环境

使命，跟社会的关系：促进女性心智成长

身份、什么人？：心灵成长导师；心理咨询师

为什么：开心；有成就感；可以帮到更多人；赚钱

能做什么：心理学、社会学、哲学知识；理解力、表达力

做什么 / 不做什么：多读书，多做事；少看手机游戏

可利用的资源：北京师范大学、人民大学资源

图 5-6　张砾匀运用理解 6 层次做出的职业规划

使命是你跟这个社会的关系、你跟家庭的关系、你跟整个社会的关系，即你跟你之外的人、事、物的关系。每一位成功人士的使命都是对世界、对国家、对社会、对他人有帮助、有促进作用的。对于咱们普通人来说，使命一定要具体、要落地，比如，一位学员说："我希望每一个在我身边的人的生命都能够觉醒！"我引导她把使命往下压了一点，具体化到："我要帮身边的 100 个人觉醒，从最信任的朋友某某开始。"使命一定要落地，使命不落地的话，就只是一个口号而已，没有任何意义。

身份，这个部分要拔高，同时也要结合现实。拔高是对自己高要求，同时也是一份祝福和期许。身份要包括人设和 IP，比如要成为一个"智慧、有爱、专业、精进、他人可信赖"的心理工作者。有人设，有跟自己的职业相对应的 IP 身份。

价值或者信念，是指你为什么要有这样的使命，为什么要成为这样的人，这里要非常接地气和有具体的理由，所以你在写的时候，一定要更加具体，更加接地气。比如，我要促进现代女性心智成长，我要成为一名智慧有爱的心理成长导师，因为这样我会很开心、有成就感、帮到更多人，同时可以实现较高的经济收入。我要成为一名智慧、有爱、心智成熟的母亲，因此可以让家庭更幸福，成为孩子的贵人，对得起父母，可以引领整个家族更好发展。对得起父母，是指对家庭、对父母最好的回报，就是你能够让生命或爱传递。你未必一定要有自己的孩子，你把父母给予你的爱、支持和力量传递给别人，也是对父母的尊重和最好的回报。

你需要具备怎样的能力？能力就是你能做什么、不能做什么。你可以通过学习来获得能力，对于我来说，必须学习心理学、社会学、哲学、国学等方面的知识，提升理解力、表达力、沟通力等。具体规划，对我来说就是多读书、多做事、少看手机、少玩游戏。

环境，指的是可利用的资源。对于我来说，网络平台、国瑞呈·心理家、盛世学堂、蓝早、众多合作平台、北京师范大学、中国人民大学等，都是我想要更好发展可以利用的资源。把你的资源写出来，把你的胸怀放大，跟他们实现共赢，你便发现你一直不是一个孤立无援的人，只是你从来没有看到，没有珍惜，或者是不敢运用而已。

再来看理解 6 层次的另一个应用，批评一个人的时候往下三层走，表扬一个人的时候就往上走。比如，一个人做错事了，你告诉他，没关系，我看到了，看看我们需要在哪些方面有所提升就行了，目的是希望对方变得更好。

我有一次做企业培训，有个职员说领导批评他："也不知道是谁，瞎了眼把你招聘进来了。玩的时候你是一把好手，一工作你就怂。"领导这样的表达，把他说得好像没有资格进这个企业，意思是他把玩游戏排在了工作之前，这就很伤人，也无法解决问题。

像各家银行在年底压力都特别大，完不成业绩，领导可以安慰说："没有关系，现在大环境如此。在这个时候，多锻炼自己的能力，就会慢慢好起来。"

假如，孩子这次考试没考好，妈妈说："我看到了，因为你在医院接受治疗，才没有足够的时间复习，下次咱们复习充分就可以了。"

夸孩子的时候说："你是一个特别懂事的人，懂得心疼爸爸妈妈。"夸的时候往上带一下，可以往身份上夸，帮助孩子越来越好。

总之，批评人的时候往下走，肯定人的时候往上走（见图 5–7 ）。

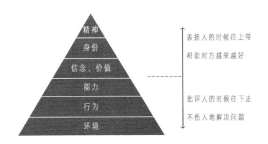

图 5-7　理解 6 层次在批评与表扬对方时的应用技巧

有效目标达成 7 元素（PE-SMART）

一、由正面词语组成（Positively Phrased）

使用正面积极的词语来描述目标，比如"我不想躺在病床上"可以改成"我要身体健康"。

二、符合整体平衡（Ecologically Sound）

不要为了实现这个目标，而牺牲了其他所有，要注重整体的平衡。比如，自己想利用业余时间学习进步，但也要考虑划分一部分时间陪伴家人、照顾家人的生活和感受。

三、清楚明确（Specific）

要清楚明确地描述目标，比如，希望家里充满爱，可以说家人之间是相互扶持，相互鼓励，多用有爱的语言。

四、可以量度（Measurable）

最好能用数量来衡量，比如，想要成为有钱人，可以说我希望年收入 100 万。

五、自力可成（Achievable）

通过自己努力可以达成，而不是依靠别人，比如，希望有个人能爱上我，就不是个合理的目标，因为这个需要依靠别人完成。

六、成功时有足够的满足感（Rewarding）

成功后足够的满足感，过程中才能有足够的推动力，也说明这个目标确实是你真正想要的。

七、有时间限期（Time-frame Set）

一定要设置时间期限，比如 1 年、3 年等，没有时间限期的目标，都将失去意义，成为不可能完成的任务。

目标确定法

使用以下 8 个步骤来确定自己的目标。

（1）你想要什么？（包括 "PE-SMART" 7 个要素）

（2）这个目标对你意味着什么？（这个目标能够提供你怎样的价值让你感觉值得？能满足你哪些深层的需要，比如价值感、安全感等？目标达成后你觉得自己是一个怎样的人 / 他人认为你是一个怎样的人？或者这个目标就是你此生的使命。）

（3）当你达到目标时，你怎么会知道？（自己的感受及他人的反应，一些具体的标准）

（4）何时、何地、与何人一起，你想得到什么结果？（你在什么时候、什么地方达成目标？当你达成目标时，有谁跟你共享？）

（5）结果将会怎样影响你人生的其他方面？（对你的重要的人里面，会有谁不支持这个目标吗？你的内心是否完全支持这个目标，或者有一部分是不支持的？）

（6）为什么今天之前你未能达到那个结果呢？（静下心把过去未能达成的原因写出来）

（7）你需要哪些资源和能力？（你已经拥有了哪些资源和能力？要怎样运用？你尚需什么资源和能力？如何得到它们？）

（8）你计划怎样去做？第一步应该怎样做？有不止一条捷径吗？会有什么可能出现的阻碍吗？是今天还是明天开始第一步？

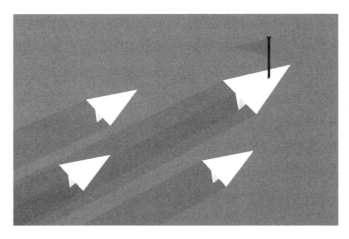

图 5-8　有效的目标会让你一步一步向前

目标达成的 5 个要素

首先，目标一定要是个良好的目标。什么样的目标是良好的目标？良好的目标首先是符合共赢的原则，即我好、你好、大家好。

一、现状——性格／兴趣

现在，我想要成为一个家庭心理咨询师，成为一个专业、有爱的、智慧的心理咨询师，这是我的目标，也是我的兴趣所在。从我的职业性格和天赋条件，我发现我都会符合。

二、资源——能力／环境

包括学习的能力，以及做好家庭心理咨询师所需要的知识和技巧，同时也需要周围可以借的力，比如提供学习的平台，及可以相互帮助的同伴，等等。

三、困难——问题／方法

在我要成为家庭心理咨询师的过程中，会遇到什么困难呢？比如，工作忙，可能无法持续学习，意志力不强，坚持不了，没有练习的平台，等等。这可能都是我们作为成年人可能遇到的困难。我们要重视和正视这些问题和困难，只有解决了才能成功。

四、发展——政策／趋势

从 2012 年开始至今，国家出台了 34 个跟心理健康相关的政策、法律和法规，这是国家政策方面对心理咨询行业的支持。从现在的社会状况看，心理咨询的需求也越来越大，这都是未来的发展趋势。力帆的董事长尹明善曾经说过："一个人要想发展得更好，谁是我们最大的贵人？国家是我们最大的贵人。"尤其是作为成年人，在第二次择业，甚至第三次择业的时候，一定要关注发展趋势，才能借势成就一番事业。

五、达成途径

你可以选择跟我们学习心理咨询的理论知识和实操技巧，你也可以选择其他机构，只要能够帮你达成目标的，都是达成的途径。我们这里为学习心理咨询师设计了两条腿走路，即咨询和讲课。我个人建议咨询和讲课要并驾齐驱，讲课可以让你深化你学过的知识和技能，同时也是对自己的宣传；咨询案例又是你素材的来源，相辅相成，能够让你尽快成长起来，成为一名成熟的心理咨询师（见图5-9）。

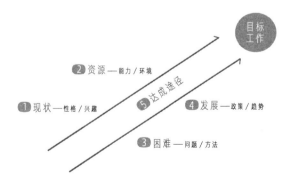

图 5-9　目标达成的 5 个要素

借力法

借力法是一种表象训练，通过这个方法让自己更有力量，更有配得感。

你和身边的人，可以彼此轮流做这个练习。

用右手按着左边锁骨下面的三角区，找到有痛感的地方，一边轻揉，一边看着对方的眼睛，用缓慢而坚定的语气说出下面的话，说的同时不能眨眼睛，眨眼睛了要重新说，每句话连着说三遍：

爸爸允许我实现这个目标（成功）！

妈妈允许我实现这个目标（成功）！

我允许我实现这个目标（成功）！

如果你说不下去，可能是你内心并不认可这个目标，也可能是内心无力。这时可以用借力法来赋能自己。

下面教大家两种借力的方法。

一、向父母和家族借力

找一个安静的、不会被他人打扰的地方坐下，做几个深呼吸，然后想象你的父亲就站在你的右肩背后，同时你的母亲站在左肩背后，往后靠一靠，感受一下他们就站在那里，因为他们把生命传给了你。想象你能看到他们，同时看到你的父亲的背后也有他的父母，你的母亲的背后也有她的父母。用这个方式，想象你看到很多很多代的父母站在你的背后，是的，他们就是你的祖先。你的生命就是经由这么多代的父母传到你这里的。

有些父母很有力量，也有些父母的力量不太足够，你怎么知道呢？有力量的父母的眼睛都有光亮，就像电灯一样。当你看到这些有力量的父母时，他们也看到你了，他们会马上把他们的力量传给他们前面的孩子，就是这样，来自不同方向、很多很多有力量的父母的力量，就像是火山爆发的熔岩流一样传下来，当每一代的父母收到传来的力量时，他们的眼睛也变得光亮。就是这样，很多代的父母的力量像来自不同方向的熔岩流，都传到你的父母身上，然后经由他们再传给你，这时你能够感觉到两个肩膀上炽热的感觉。

图 5-10　借力赋能提升内心能量

当你感到这份炽热的力量传到你这里时，请充分地打开你的心，接受它，大力吸一口气，让你的心加倍地接受这份力量；再大力吸一口气，容许这份力量在身体里变大、变暖、变热、膨胀，跟身体本有的其他力量混合、旋转；再大力吸气数次，每一次都接受更多的力量，让身体里的力量更膨胀，充满整个身体，更充斥你的手、脚和头部。

让自己多在这种感受里待会，并把这种感觉储存在心里、脑海里。

二、向天地借力

找一个安静的、不会被他人打扰的地方坐下，做几个深呼吸，然后想象在宇宙很远很远的地方，有一股很大的力量，存在于一个很辽阔的空间里。它慢慢地凝聚起来，变得很光亮、很嘈杂、很炽热。它开始以很快的速度向着我们的太阳系飞过来。它的速度很快，穿越了不同的星河，进入了太阳系，向着我们的地球飞过来。现在它进入了大气层，发出更亮的光、更嘈杂的声音，释放出更多的热量。它向着这座房子飞过来，穿过了层层天花板，从你头顶正中的地方进入了你的身体，这时你能够感受到头顶位置的炽热感。在你的身体里，它找到了你的生命之火，两股力量混在一起，开始按顺时针方向旋转。这股来自宇宙的力量源源不断地从你的头顶进入，使那两股混在一起的力量不断增强，越转越快，同时不断膨胀、扩大，在你身体里产生越来越坚实、越来越温暖、越来越有力量的感觉。

同时，你又注意到在地球中心处，有另外一股很大的力量，正在以很快的速度穿越地层，来到这里的地下。它很快地升上来，穿越地面，更穿越层层地板，就在你站立的地方，从你双脚脚底进入你的身体，上升到那两股力量混在一起的地方。

现在，三股力量混在一起，更快地旋转、更快地膨胀，有股更大的力量不断进入你的身体。你所感到的力量越来越大，也许你开始感到热。这股力量、这份热从身体冲到双手、双脚，更冲上头，使你整个人都感觉到那股强大的力量。

现在请你大力地吸气。每次的吸气都会使你内心的力量更强、更牢固地储存起来，同时融入身体的每一处，而且会一直留在那里，每次有需要的时候供你使用。好好享受这份感觉，在你充分地把这股力量储存在身体里之后，你就可以慢慢地睁开眼睛了。

现在你有没有感觉内心有了很大力量。

这两个技巧可以多做练习，让充满力量的感觉伴成为你的日常。

时间线实践目标法

时间线实践目标法（参考李中莹老师的《简快身心积极疗法》），可以帮助我们更清晰地将顺达成目标所需的步骤，排除过程中可能出现的阻挠，对目标的实现更加确定。方法如下所示。

（1）引导受导者站在时间线上代表"现在"的位置，放松。用一句话清晰说明已符合目标确定法条件的目标。让受导者在时间线上未来的方向上选择一点，代表达到目标的时间指标，用颜色笔、贴纸或者小物件把这个时间指标清楚地标示出来。

（2）引导受导者看着由"现在"到"目标"的一段路，先不要起步走，而只在心中想一想这个过程中可能出现的困难、障碍、挑战和解决的方法，直至达到"目标"为止。让受导者在完成这段思想的过程后，给辅导者一个信号。

（3）引导受导者起步，用身体走完到达"目标"的这段路，引导他慢慢地走，充分感受可能出现的困难、障碍、挑战等。辅导者在这个过程中应该用柔缓的声音给予受导者种种提示来配合受导者目标及其环境的一些可能性：可能出现些什么人或事的问题？市场上可能出现怎样的变化？会出现哪些意想不到的障碍？某些人的妒忌、不合作将会引起哪些困难？在此过程中要告诉受导者他已经走到哪个时间点了（说出实际时间，如"现在是 2025 年 10 月，距离目标只有 4 个月的时间了"）。

（4）在第二和第三阶段，要提醒受导者：如果问题太大、力量不够而需要帮忙，可以告诉辅导者。若有这个需要出现，辅导者应让受导者从时间线里站出来，与你一同讨论，刚才在时间线上的受导者需要一些什么能力，或者有什么内心的障碍需要去除。然后，运用其他技巧处理这些需要，再让受导者站回时间线，继续时间线实践目标法的步骤。每当有怀疑时，都可以从头来过。

（5）当受导者到达"目标"点时，辅导者要用话语帮助受导者感受那份成功的良好感觉，并且用深呼吸把那份感觉加强，储存在身体内。这时，辅导者可以用手握着受导者的一个手臂作为经验掣以保持这份能力，引导受导者转身看看走过的路。带着成功的经验与喜悦，受导者可能看到在过程中哪里可以更省力、更有效率，然后让受导者从时间线走出来，返回"现在"的这一点，再踏入时间线。在这个过程中，辅导者要始终保持受导者手臂上的经验掣。

（6）让受导者站在"现在"的点上，再看一次走向目标的路途，然后辅导者放开经验掣，让受导者再次走向"目标"，并且体会达到目标的良好感觉。把达到目标的景象存储在大脑中，用以日后随时鼓励自己。

（7）打破状态，做未来测试。

压力管理 4 步策略

压力管理 4 步策略适用于想要追求平衡人生的目标，适用于压力较大、焦头烂额、身心疲惫等情况（见图 5–11）。

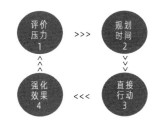

图 5–11 压力管理 4 步策略

一、评 价

1. 确定问题。

2. 建设性地思考问题。

（1）检查你的自动思维并记录下来。

（2）纠正你逻辑上的错误——认知模式。

（3）研究替代性的假设——凡事必有三种可能。

（4）修改关于你自己和工作的根本思维假定（就事论事，不要对自己这个人进行打击）。

二、规　划

1.弄清事实真相——把有害的焦虑变成明智的焦虑。

2.使你生活得更有条理性。所谓使你生活得更加有条理性，就是让你更加善待、体贴自己，就像是把办公桌收拾得整整齐齐有助于你快速找到东西一样。

可以运用的工具：清单、提示物、时间表、规章制度和预算等。

（1）设定目标。确定在接下来的一周里，你想要做什么，或者你想要完成哪些任务。

（2）把设定的目标按重要性排序。把这些目标分解成相对较小的、易于管理的目标。

（3）用记事本来帮助你避免错过一些重要的约会，或让你紧跟目标。

（4）要把最重要的事情安排在你精力最旺盛的时候，也就是一天中你感觉自己最警觉、精力最充沛的时候来做。

（5）把那些简单的、重复性的任务安排在你效率最低的时间段来做。

（6）务必通过休息来恢复精力，比如，站起来伸个懒腰、四处走动，或者与同事闲聊一会儿。

三、补　救

理性、计划和行动是解决焦虑和压力问题的最有效的办法。

1.采取直接的行动。

2.顺其自然——放弃你的控制能力。

建议：如果你对于一个问题感到无能为力（你已经做出了一些努力、再也想不出别的办法，或者这个问题完全超出你的能力范围），你就必须放手，让一切顺其自然。你可以重新开始一件事，翻开新的一页，或另辟蹊径。

四、强化效果

强化效果就是规划的事情完成后，要给自己奖励。

下面是压力管理 4 步策略的案例示范（表 5-2）。

表 5-2　压力管理 4 步策略范例

业精于勤，荒于嬉；行成于思，毁于随						
重要事项：健康、工作、家人、学习深造、交友、给自己放假						
时间安排	周一	周二	周三	周四	周五	周六	周日
5：30—6：30	运动、听书；周一、周三、周五室外运动；周二、周四、周六拉伸						10KM
6：30—7：30	早餐						
8：00—17：30	工作、学习					必要的聚会	
17：30—19：30	弹性时间						
19：30—22：30	一周至少跟母亲视频 3 次；陪家人；工作 / 学习						

有规划，才能无憾

很多人都知道时间管理"重要紧急四象限"理论，这里重点提示大家，在这四个象限里面能够帮助我们实现长远目标的主要是第一和第二象限，"重要紧急的事"和"重要不紧急"的事情。对于第一象限，大家都能放在第一位，第二象限是我们需要长期关注和积累的事情，比如，陪伴家人、努力工作、锻炼身体等，这些事情并不紧急，所以常常被我们忽略，但长期目标的实现正是需要这一象限的事情提供支持（见图 5-12）。

有规划，才能无憾！

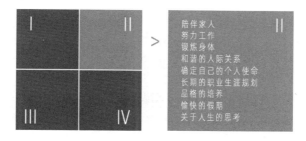

图 5-12　长期目标的实现需要第二象限内容的支持

为了人生能够无憾，平时要把这些事情规划起来，利用时间的复利来实现积累，帮助我们达成长期目标。

什么是时间的复利？比如，规定咱们一年只能见一个小时，分成两种方法见面的方法。第一种，一次性把一个小时见完；第二种，一天见 10 秒，连着见 360 天。大家觉得哪种见面的方法能让咱们更熟悉更亲密？当然是第二种方法了。第二种方法体现的就是时间的复利，所以第二象限更需要重视和规划，每天或者每周不用占多少时间，关键在于长期坚持，就会有意想不到的效果。

职场人际关系规则

面对上级：敬 + 忠。

面对平级：界限＋合作。

面对下级：义＋导（见图 5-13）。

图 5-13 职场人际关系规则

在职场中，对上要做到敬和忠。这是一种态度，我们敬的是这个位置，无论谁在这个位置上都要保持尊敬。忠指的是做好本职工作，完成上级给予的任务。

对待平级要保持界限。不要对别人指手画脚，也不要去告状，尽量跟平级保持合作关系。

对待下级要做到义和导。义可以理解为义气，就是从内心里为下级好，无论对他们严厉和还是宽慰，都是希望他们有发展有前途；导指的是引导、指导、训导，帮助下属成长。

所以作为上级要用人之长，作为平级要学会一分为二看人，作为下级要正确看待上级的批评，有则改之，无则加勉。